Herausgegeben von
Stefan König und Klaus Roth

Bibliografische Information der Deutschen Nationalbibliothek
Die Deutsche Nationalbibliothek verzeichnet diese Publikation in der Deutschen Nationalbibliografie; detaillierte bibliografische Daten sind im Internet über http://dnb.d-nb.de abrufbar.

Bestellnummer 2870

www.hofmann-verlag.de

Fotos: Markus Buchner

Erschienen als Band 7 der „Sportstunde Grundschule“

Druck: Druck- und Kalender-Marketing Sosset GmbH, Kißlegg

Printed in Germany · ISBN 978-3-7780-2870-4

Inhaltsverzeichnis

III Stundenentwürfe für die Klassen 3 und 4

IV Stundenentwürfe für den Übergang in die Klasse 5

Anhang

Aus Gründen der besseren Lesbarkeit wird die männliche Form verwendet. Die Begriffe Lehrer, Schüler, Tänzer, ... meinen immer auch Lehrerinnen, Schülerinnen und Tänzerinnen.

Einleitung

Tanzen, Gestalten und Darstellen sind wichtige Bestandteile in den Grundschullehrplänen der 16 Bundesländer. Dennoch haben viele Lehrkräfte vor ihrem Studium keine tänzerischen Vorerfahrungen oder aber nur Erfahrungen mit bestimmten Tanzformen. Es gibt nicht den einen Tanz, wie zum Beispiel universale Regeln beim Fußball, sondern vielfältige Auslegungen und Erscheinungsformen. Das führt dazu, dass selbst Tänzerinnen und Tänzer die unterschiedlichsten Hintergründe mitbringen. Im Studium selbst ist die Ausbildung häufig zu kurz, um alles aufzufangen und die zahlreichen Formen und Arten des Tanzes in der Gesamtheit abzudecken.

Bei der Thematisierung des Tanzes im Unterricht, stellt sich für die Lehrkraft daher bereits zu Beginn die Frage, welche Zielsetzungen verfolgt, welche Themen und Inhalte aus der bunten Vielfalt ausgewählt werden sollen und wie eine mögliche Durchführung aussehen kann. An dieser Stelle knüpft das vorliegende Buch an und bietet Anregungen und Hilfestellungen für Lehrkräfte zur Thematisierung und Umsetzung des Bereichs Tanzen, Gestalten und Darstellen im Grundschulsport. Dabei wendet sich das Buch sowohl an Lehrkräfte, die bisher keine eigenen tänzerischen Erfahrungen im Lebenslauf gemacht haben oder vielleicht auch fachfremd Sport unterrichten, als auch an Lehrkräfte, bei denen der Tanz in der eigenen Sportkarriere enthalten ist.

Uns ist es wichtig, dass der Tanz in der Schule seinen Platz erhält. Nicht nur mit Blick auf die pädagogische Perspektive „Sich körperlich ausdrücken, Bewegungen gestalten" kann dem Tanz ein Alleinstellungsmerkmal zugesprochen werden, sondern auch im Rahmen der Perspektive „Wahrnehmungsfähigkeit verbessern, Bewegungserfahrungen erweitern" spielt er eine zentrale Rolle. Darüber hinaus bietet der Tanz vielfältige Möglichkeiten der Auseinandersetzung mit dem eigenen Körper sowie des Erfindens, Kreierens und bestenfalls auch Präsentierens.

Die einzelnen Kapitel des vorliegenden Buches bauen zwar grundsätzlich aufeinander auf – sind jedoch auch für sich selbst stehend verständlich. In Kapitel 1 des Buches wird zunächst ein Überblick über den Bereich Tanzen, Darstellen und Gestalten in den Grundschullehrplänen gegeben. Dabei werden als Grundlage für die Unterrichtseinheiten im Praxisteil des Buchs vor allem die inhaltsbezogenen Kompetenzbereiche für das Bewegungsfeld dargestellt. Darauf aufbauend folgt in Kapitel 2 die Vorstellung unseres Konzepts zum kreativen Bewegungsunterricht. Die Ansätze der strukturierten Improvisation und des Unterrichtens durch Vorgeben, Aufgeben und Anregen bilden hierfür die Basis. Wir legen in unserer didaktischen Grundkonzeption den Schwerpunkt auf den Tanz und das Gestalten und messen aber auch einem Produkt zum Abschluss einer Unterrichtsstunde Bedeutung zu.

Kapitel 3 umfasst praktisches Handwerkzeug, also die Grundausstattung, um Tanz unterrichten zu können. Hierzu zählen zum Beispiel das Wissen um den Takt und Rhythmus oder aber auch verschiedene Kriterien zur Gestaltung. Bevor die Stundenentwürfe für die Klassen 1 und 2, 3 und 4 sowie 5 umfassend dargelegt werden, finden in Kapitel 4 Erläuterungen zu den Stundenentwürfen statt. Dabei geben wir neben organisatorischen und methodischen Hinweisen auch „Füllmaterialien“ an die Hand, mit denen einzelne Stunden beliebig erweitert werden können.

I

Didaktische und methodische Vorüberlegungen

1 Tanzen, Darstellen und Gestalten in den Grundschullehrplänen

Die Erstellung der Grundschullehrpläne obliegt den einzelnen Bundesländern, was sowohl zu Gemeinsamkeiten als auch zu Unterschieden in den Inhalten und Ausgestaltungen führt. Roth, Damm und Pieper (2014) haben im Band 1 der Reihe **Sportstunde Grundschule** aufgezeigt, dass dem Kompetenzbegriff in allen Lehrplänen eine zentrale Bedeutung zukommt. Dabei wird zwischen überfachlichen und fachlichen Kompetenzen unterschieden. Die Erstgenannten werden weiter in lernmethodische, personale und soziale Kompetenzen untergliedert und können von den Schülern erworben, erweitert und fächerübergreifend (d. h. in allen Schulfächern) zur Bewältigung verschiedener Aufgaben eingesetzt werden. Die Zweitgenannten werden dagegen primär in einzelnen Unterrichtsfächern aufgegriffen und in den jeweils fachspezifischen Curricula genauer bestimmt. Dabei erfolgt prinzipiell eine Differenzierung zwischen prozessbezogenen (fachspezifischen, aber inhaltlich übergreifenden) und inhaltsbezogenen (fachspezifischen, inhaltlich fachbezogenen) Kompetenzen (vgl. Roth et al., 2014, S. 11–14).

Das vorliegende Buch orientiert sich an den Curricula für den Sportunterricht der 16 Bundesländer. Als Basis für die Stundenentwürfe in den Kapiteln II bis IV dienen die dort benannten und voneinander abgegrenzten inhaltsbezogenen Kompetenzbereiche für das Bewegungsfeld Tanzen, Darstellen und Gestalten. Sie sind in Tabelle 1 im Überblick dargestellt. Die Auflistung basiert auf 15 Grundschullehrplänen, da die Bundesländer Berlin und Brandenburg einen gemeinsamen Lehrplan verfasst haben.[1]

[1] Vor dem Schuljahr 2017/2018 hatten Berlin, Brandenburg und Mecklenburg-Vorpommern einen gemeinsamen Lehrplan, der jedoch heute nur noch in Mecklenburg-Vorpommern Gültigkeit hat.

Tab. 1: Inhaltsbezogene Kompetenzbereiche für den Sportunterricht an Grundschulen, Bewegungsfeld „Tanzen, Darstellen und Gestalten“

Baden-Württemberg (Ministerium für Kultus, Jugend und Sport Baden-Württemberg, 2016)
Tanzen – Gestalten – Darstellen
Klassen 1/2 Die Schüler und Schülerinnen können • sich explorierend und kreativ auch mit Handgeräten, Materialien und Objekten bewegen • sich ungebunden zu Rhythmus, Sprache und Musik bewegen • gymnastisch-tänzerische Grundformen (Gehen, Laufen, Hüpfen, Federn, Springen, Schwingen) zu Musik, Rhythmen, Sprache, akustischen und optischen Impulsen entwickeln, ausführen und variieren • Raumwege, Raum- und Zeitdimensionen erfahren und nutzen • mit und durch Bewegungen Alltagssituationen, Rollen, Gefühle und Stimmungen darstellen • einfache Tänze erlernen und vorführen *Klassen 3/4* Die Schüler und Schülerinnen können • sich ohne und mit Handgerät, Materialien und Objekten zu Musik im Raum bewegen (zum Beispiel Raumwege, Raumebenen) • Bewegungsfolgen zur Musik, auch in Verbindung mit Sprache, rhythmisch alleine, mit Partnerin/Partner und in der Gruppe ausführen und variieren • Kinder- und Trendtänze sowie Tänze unterschiedlicher Stilrichtungen zu zweit und in der Gruppe erlernen, entwickeln und üben • Präsentationen gestalten

Bayern (Bayerisches Staatsministerium für Bildung und Kultus, Wissenschaft und Kunst, 2014)
Sich körperlich ausdrücken und Bewegungen gestalten / Gymnastik und Tanz
Ende von Klasse 2 Die Schülerinnen und Schüler • bewegen sich in den tänzerischen Grundformen und passen ihre Bewegungen unterschiedlichen Geräuschen, einfachen Rhythmen und Musikstücken an • bewegen sich kreativ mit Handgeräten und Alltagsobjekten • führen einen einfachen Tanz vor • stellen mit Bewegungen Alltagssituationen, Rollen, Gefühle und Stimmungen dar *Ende von Klasse 4* Die Schülerinnen und Schüler • bewegen sich rhythmisch in den tänzerischen Grundformen • bewegen sich mit Handgeräten (z. B. Seil) und Alltagsobjekten zur Musik • führen einfache Tänze unterschiedlicher Kulturen und Stilrichtungen vor und improvisieren zu Darstellungs- und Fantasieaufgaben

Berlin, Brandenburg (Berliner Senatsverwaltung für Bildung, Jugend und Familie, Ministerium für Bildung, Jugend und Sport des Landes Brandenburg, 2015)
Bewegungsfolgen gestalten und darstellen
Niveaustufen A, B (Schulanfangsphase) Die Schülerinnen und Schüler können • verschiedene Bewegungen imitieren und Bewegungen improvisiert darstellen • einen Gegenstand entsprechend seiner Eigenschaften kontrolliert bewegen • sich nach einem Rhythmus angemessen bewegen *Niveaustufe C (in Teilen Schulanfangsphase, Jahrgangsstufen 3–4)* Die Schülerinnen und Schüler können • eine Bewegungsfolge nach vorgegebenen Kriterien präsentieren • eine vorgegebene Bewegungsfolge mit mindestens einem Gegenstand kontrolliert ausführen • verschiedene Rhythmen aufnehmen und sich danach bewegen *Niveaustufe D (in Teilen Jahrgangsstufen 3–4)* Die Schülerinnen und Schüler können • eine vorgegebene Bewegungsfolge nach vorgegebenen Kriterien präsentieren • eine vorgegebene Bewegungsfolge mit mindestens einem Gegenstand kontrolliert ausführen • einfache Bewegungsfolgen nach einem Rhythmus präsentieren

Bremen (Senator für Bildung und Wissenschaft, 2001)
Gestalten, Tanzen, Darstellen – Gymnastik/Tanz, Bewegungskünste
• Die Vielfalt von Bewegungsmöglichkeiten – auch zu Rhythmus und Musik – entdecken, erproben und variieren • Die Vielfalt von Bewegungsmöglichkeiten mit Handgeräten und Objekten entdecken, erproben, variieren • Bewegungskunststücke erfinden, üben und gestalten • Rhythmus, Bewegung und Musik aufeinander beziehen • Durch Bewegung etwas mitteilen und darstellen • Tänze erlernen und Bewegungsgestaltungen entwickeln, üben, präsentieren

Hamburg (Freie und Hansestadt Hamburg, Behörde für Schule und Berufsbildung, 2011)
Tanzen, Inszenieren und Präsentieren
Beobachtungskriterien am Ende der Jahrgangsstufe 2 Kann das Kind • einfache Rhythmen erkennen, unterscheiden und umsetzen? • sich an Raum, Rhythmus, Partner bzw. Gruppe anpassen? • einfache Formen rhythmischen Gehens, Laufens, Springens in Kombinationen ausführen? • rhythmische Bewegungen nachahmend durchführen? • ausgewählte Situationen und Rollen (Gefühle, Tiere, Phänomene) durch Bewegung darstellen? *Regelanforderungen am Ende der Jahrgangsstufe 4* Die Schülerinnen und Schüler • erkennen unterschiedliche Rhythmen und setzen diese in Musik um; • bewegen sich nach Musik rhythmisch angemessen; • führen einfache Tanzschritte und Tänze aus; • gestalten Tänze mit und nach.
Hessen (Hessisches Kultusministerium, 2011)
Gymnastik, rhythmisches Bewegen, Tanzen
Durch elementare Rhythmuserfahrungen und vielseitige Bewegungsgestaltung mit und zur Musik entwickelt sich die Ausdrucksfähigkeit des eigenen Körpers. Durch unterschiedliche Ausdrucksformen kann Bewegung kreativ gestaltet werden. *Am Ende der Jahrgangsstufe 4* Bewegungsgestaltung mit dem eigenen Körper, Handgeräten, Klang- und Rhythmusinstrumenten nach verbalen, akustischen und visuellen Vorgaben ermöglichen elementare Rhythmuserfahrungen. Das Bewegen mit und zur Musik umfasst und variiert Grundbewegungsarten, Kindertänze (wenigstens vier) mit unterschiedlichen Schritten, Figuren, Raumwegen, Aufstellungen, Fassungen und Formen. In harmonischer Bewegung mit Handgeräten zur Musik wird der eigene Körper Ausdrucksmittel.
Mecklenburg-Vorpommern (Ministerium für Bildung, Jugend und Sport des Landes Brandenburg, Senatsverwaltung für Bildung, Jugend und Sport Berlin & Ministerium für Bildung, Wissenschaft und Kultur Mecklenburg-Vorpommern, 2004)
Bewegungskünste, Gymnastik, Tanz
Standards am Ende der Jahrgangsstufe 4 Schülerinnen und Schüler • lösen einfache bewegungsrhythmische Gestaltungs- und Improvisationsaufgaben allein, mit einem Partner oder in der Gruppe – gegebenenfalls mit Hilfe, • präsentieren kleinere Choreografien oder Kunststücke auch mit Gerät – allein oder mit einem Partner, • verstehen Grundbegriffe der Fachsprache und nutzen zur Verfügung gestellte Anleitungen oder Darstellungen.

Niedersachsen
(Niedersächsisches Kultusministerium, 2006)

Gymnastische, rhythmische und tänzerische Bewegungsgestaltung

Gymnastische, rhythmische und tänzerische Bewegungsgestaltung umfasst kreative Bewegungen gymnastischer und tänzerischer Art, Bewegungsbildung und funktional-technische Aspekte der Haltungs- und Bewegungsschulung.

Dieses beinhaltet
- Anreize zum Bewegungsausdruck durch Musik und Rhythmus
- Umsetzung von Rhythmen in entsprechende Bewegungen
- gymnastisch-tänzerische Bewegungen mit und ohne Handgerät
- spontanes Agieren und Reagieren als Bewegungsimprovisation
- die Auseinandersetzung mit Kindertänzen und „Trend-Tänzen"

Am Ende des 2. Schuljahrgangs

Rhythmen in entsprechende Bewegungen umsetzen
- im langsamen und schnellen Hopserlauf unterschiedliche Raumwege zurücklegen
- sich nach einem eindeutigen Takt entsprechend bewegen

Bewegungen mit und ohne Handgerät gestalten
- sich pantomimisch in unterschiedlichen Rollen erkennbar bewegen
- einfache Formen des Seilspringens vorführen

am Ende des 4. Schuljahrgangs

Rhythmen in entsprechende Bewegungen umsetzen
- einen Kindertanz oder einen „TrendTanz" in der Gruppe tanzen und präsentieren sich nach einem eindeutigen Takt entsprechend bewegen
- Bewegungen mit und ohne Handgerät gestalten:
- themen- und/oder musikbezogen Bewegungen improvisieren

Nordrhein-Westfalen
(Ministerium für Schule und Weiterbildung des Landes Nordrhein-Westfalen, 2012)

Gestalten, Tanzen, Darstellen – Gymnastik/Tanz, Bewegungskünste

Kinder nehmen Gelegenheiten, in denen sie gestalten, tanzen oder etwas darstellen können, in der Regel gerne wahr. Sie entwickeln Freude an kreativem Bewegungshandeln und an Selbstbestätigung sowie Gemeinschaft bei vielfältigen improvisatorischen oder darstellerischen Bewegungsanlässen. Diese Erfahrungen müssen Jungen und Mädchen gleichermaßen ermöglicht werden.

Im stimmigen Zusammenklang von Bewegung, Rhythmus und Musik kann sich den Kindern ein Ausdrucksmedium erschließen, das ihrer Bereitschaft zur Darstellung und Präsentation in besonderer Weise gerecht wird.

Mädchen und Jungen, die miteinander tanzen, etwas gestalten und darstellen, treten über und durch Bewegung in Kontakt und verständigen sich über ihr Bewegungshandeln. Dieser Bereich eröffnet auch die Erfahrung von Gemeinsamkeit und von Aufgehoben-Sein in einem konkurrenzfreien Raum. Einfühlungsvermögen, Rücksichtnahme und Anpassungsfähigkeit werden auf anschauliche Weise herausgefordert und entwickelt.

Schwerpunkte sind:
- die Vielfalt von Bewegungsmöglichkeiten – auch mit Handgeräten und Objekten – entdecken, erproben und variieren
- Bewegungskunststücke mit Handgeräten und Objekten erfinden, üben und gestalten
- Rhythmus, Musik und Bewegung aufeinander beziehen
- durch Bewegung etwas mitteilen und darstellen
- Tänze erlernen und Bewegungsgestaltungen entwickeln, üben und präsentieren

Rheinland-Pfalz (Ministerium für Bildung, Wissenschaft, Jugend und Kultur, 2008)
Bewegen im Rhythmus und zur Musik
Klassen 1–4 Die Schülerinnen und Schüler • verfügen über vielfältige Erfahrungen im Umgang mit Bewegungsgrundformen. • erfassen unterschiedliche Geräusche, Klänge und Rhythmen und setzen diese bewusst und spontan in Bewegung um. • setzen Materialien zur Ausdrucksgestaltung ein, können eigene Spielideen entwickeln und verwirklichen. • entdecken Möglichkeiten und Grenzen von Improvisation und angeleiteter Gestaltung. • benennen und präsentieren Tänze unterschiedlicher Kulturen und Stilrichtungen. • beobachten und reflektieren sich und andere bei Tänzen und rhythmischen Bewegungen.

Saarland (Ministerium für Bildung, 2011)
Darstellen und Gestalten
Bewegungsgrunderfahrungen • rhythmische Geh- und Laufspiele • Nachahmen von Fortbewegungsarten • Bewegung auf rhythmische Vorgaben • Bewegung auf Musik • Wiedergabe und Umsetzung von Rhythmen und Musik durch Gestik • Anpassung von rhythmischen und gymnastischen Bewegungsformen an Raum, Rhythmus, Partner oder Gruppe • einfache Tanzgestaltungen • Erprobung und Kombination von gymnastischen Bewegungsformen mit Handgeräten (Seil, Reifen, Gymnastikball, Gymnastikband) • einfache Jonglierübungen

Sachsen (Sächsisches Staatsministerium, 2009)
Gymnastisch-tänzerische Übungen
Klassenstufe 1–2 Erkunden und Üben von Bewegungen mit Materialien und Handgeräten • vielfältige Spiel- und Bewegungserfahrungen mit unterschiedlichen Materialien und Handgeräten sammeln • Eigenschaften und Verwendungsmöglichkeiten von Geräten und Materialien kennen lernen • erste gymnastische Fertigkeiten, besonders mit dem Ball, erlernen (Rollen, Prellen, Werfen, Fangen und Balancieren von Geräten)

Verbessern der Rhythmusfähigkeit
- einfache Rhythmen akustisch wiedergeben (Klatschen, Stampfen, Patschen oder Schnipsen)
- Musikrhythmen motorisch wiedergeben (Laufen und Springen um und über Hindernisse)

unterschiedliche Schrittarten nach vorgegebenen oder eigenen Rhythmen erlernen (Geh-, Lauf- und Sprungschritte) Gestalten von Bewegungsaufgaben – einzeln und gemeinsam
- Improvisieren nach Bewegungsliedern und -geschichten
- Tanzlieder (nach-)gestalten
- Bewegungen einem Partner/einer Gruppe anpassen

Verbessern der Wahrnehmungsfähigkeit
- Spiele und Übungen zur Schulung der Sinne
  - optisch, akustisch, taktil
  - kinästhetisch

Verbessern einer zweckmäßigen Körperhaltung
- Spielformen
- Beweglichkeitsübungen mit und ohne Gerät
- Spannungs- und Entspannungsübungen im Liegen und Sitzen

Klassenstufen 3–4

Gestalten von Übungen mit Materialien und Handgeräten
- vielfältige Spiel- und Bewegungsmöglichkeiten mit unterschiedlichen Materialien und Handgeräten
- Eigenschaften und Verwendungsmöglichkeiten von Geräten und Materialien
- erste gymnastische Fertigkeiten erlernen, besonders mit dem Seil (Schwünge, Kreisdurchschläge mit Laufschritten und Schlusssprüngen)
- Bewegungen mit einem Partner koordinieren

Verbessern der Rhythmusfähigkeit
- gymnastische Übungen nach rhythmischen Vorgaben ausführen
- Aerobic-Grundschritte
- weitere Schrittarten und Sprünge mit Variationsmöglichkeiten erlernen (Gehschritte, Sprungschritte, auch mit Drehung)

Gestalten von Bewegungsaufgaben – einzeln und gemeinsam
- Improvisieren und Gestalten mit Alltagsmaterialien
- Tänze gemeinsam (nach-)gestalten
  - einfache Tanzformen nach moderner Musik
  - Tänze anderer Kulturen
- Ideen einbringen und sich mit einem Partner/einer Gruppe auf Gestaltungslösungen einigen

Verbessern der Wahrnehmungsfähigkeit
- Gefühl für Raum, Zeit und Krafteinsatz schulen
  - Spiele zur Orientierung
  - Spiele zum genauen Beobachten und schnellen Handeln
- Laufen und Springen über verschiedene Raumwege

Verbessern einer zweckmäßigen Körperhaltung
- Werte und Wirkungen einer zweckmäßigen Körperhaltung kennen lernen
- Spiele zur Haltungsschulung mit und ohne Handgerät
- einfache funktionelle Übungen zur Kräftigung und Dehnung
- Entspannungsübungen

Sachsen-Anhalt (Sachsen-Anhalt Kultusministerium, 2007)
Rhythmisches Bewegen, Gestalten, Tanzen
Endniveau des Schuljahrganges 2 Inhaltsbezogene Kompetenz: Grundformen der Bewegung rhythmisch gestalten und sich durch Bewegung ausdrücken Teilkompetenzen: • einfache Rhythmen erkennen, unterscheiden und umsetzen • sich an Raum, Rhythmus, Partner bzw. Gruppe anpassen • einfache Formen rhythmischen Gehens, Laufens, Springens nach Vorgabe in Kombinationen ausführen • Gerättechniken: einfache Kombinationen mit Handgerät Ball und Materialien nachvollziehen • einfache Tanzlieder mit- und nachgestalten *Endniveau des Schuljahrganges 4* Inhaltsbezogene Kompetenz: Grundlegende gymnastische und tänzerische Fertigkeiten beherrschen, in Kombinationen variabel anwenden und damit die persönliche Ausdrucksfähigkeit erweitern Teilkompetenzen: • Basistechniken mit anderen Elementen in Kombinationen anwenden • einfache Aerobic-Grundschritte wie March, Walk, Step Touch, Side to Side, V-Step in Kombinationen nachvollziehen • Gerättechniken: gymnastische Fertigkeiten wie Schwingen und Durchschlagen mit Handgerät Seil in Kombinationen mit Basistechniken anwenden • folkloristische Tänze (Kreis-, Kontratanz) gestalten • Tänze nach moderner Musik mit- und nachgestalten

Schleswig-Holstein (Ministerium für Bildung, Wissenschaft, Forschung und Kultur des Landes Schleswig-Holstein, 2015)
Sich durch Bewegung ausdrücken
• Grundformen der Bewegung erkunden • Rhythmische Grundformen lernen und üben • Reize wahrnehmen und in Bewegung umsetzen • Imitieren, improvisieren, gestalten und darstellen • Bewegungskunststücke erleben • Sich fit halten durch Gestalten und Darstellen

Thüringen
(Thüringer Ministerium für Bildung, Wissenschaft und Kultur, 2010)

Tanzen und Gymnastik

Am Ende der Grundschulzeit

Der Schüler kann in dem Lernbereich eine gymnastische Übung oder einen Tanz nach Musik allein, mit Partner oder in der Gruppe präsentieren.

Klassenstufe 4

Der Schüler kann

Sachkompetenz
- haltungsschulende und körperkräftigende Übungen aus der funktionellen Gymnastik ausführen,
- sich nach vorgegebenem Rhythmus mit und ohne Partner bewegen (gehen, laufen, hüpfen),
- sich mit Handgerät (z. B. Seil, Ball, Reifen, Tuch, Band, Keule, Stab) nach vorgegebenem Rhythmus allein und in der Gruppe bewegen und eine Übungsverbindung erstellen,
- Elemente des Rope Skipping ausführen und verbinden,
- mit den erlernten Aerobic-Grundschritten in der Gruppe eine Choreografie erarbeiten,
- Tänze verschiedener Art (z. B. traditionell, modern) in unterschiedlichen Aufstellungsformen (z. B. Kreis, Kette, Linie, Reihe, Block) demonstrieren,
- Techniken benennen und wesentliche Bewegungsmerkmale beschreiben.

Methodenkompetenz
- in Ansätzen funktionelle gymnastische Übungen situationsbedingt anwenden,
- gymnastische Übungsfolgen erstellen und geeignete Aufstellungsformen für die Darbietung finden,
- erarbeitete Tänze und Übungsfolgen präsentieren.

Selbst- und Sozialkompetenz
- mittels ausgewählter Übungen zur An- und Entspannung seinen Körper bewusst erfahren und darüber reflektieren,
- in gemeinsamer Bewegung nach Musik Hemmungen abbauen, Kreativität entwickeln und kooperieren,
- in die Gruppenarbeit eigene Ideen einbringen und mit denen der Übungspartner in Einklang bringen,
- Ausdrucksmöglichkeiten seines Körpers erproben und darüber reflektieren,
- seinen Körper und seine Belastungsfähigkeit einschätzen.

Auffällig ist zunächst, dass das Bewegungsfeld „Tanzen, Darstellen und Gestalten“ (in den Lehrplänen auch Erfahrungs-, Handlungs-, Themen-, Lern-, Kompetenzfeld) in den Curricula der Länder unterschiedlich benannt wird. Die terminologische Vielfalt reicht von „Rhythmisches Bewegen, Gestalten, Tanzen“ in Sachsen-Anhalt bis hin zu Titeln wie „Tanzen, Inszenieren und Präsentieren“ in Hamburg. Dies spiegelt sich naturgemäß auf der Ebene der inhaltsbezogenen Kompetenzen wider. Dennoch finden sich über alle Grundschullehrpläne hinweg betrachtet auch zahlreiche Gemeinsamkeiten, die als Basis für die nachfolgenden Stundenentwürfe dienen. Die am häufigsten genannten inhaltsbezogenen Kompetenzbereiche sind:

- Erkennen von und Bewegung zu Rhythmen, Geräuschen, Klängen und/oder Musik (15 Nennungen)
- (Mit-)Entwicklung von Darstellungen, Gestaltungen und/oder Improvisationen (14)
- (Kreativer) Umgang mit Objekten, Materialien und/oder Handgeräten (13)
- Erlernen und Demonstration verschiedener Tänze (13)
- Einbezug von bzw. Anpassung an Raum, Partner und/oder Gruppe bei rhythmischen und/oder gymnastischen Bewegungsformen (10)
- (Pantomimische) Darstellung von Situationen, Rollen, Gefühlen und/oder Stimmungen durch Bewegungen (7)
- Wahrnehmung des eigenen Körpers und Ausdruck durch Bewegung mit dem eigenen Körper in unterschiedlichen Situationen und/oder Positionen (4)

In sechs Lehrplänen wird bezogen auf das Bewegungsfeld Tanzen, Darstellen und Gestalten zwischen Kompetenzbereichen für die Klassen 1–2 und für die Klassen 3–4 unterschieden. Die (Gestaltungs-)Aufgaben werden dabei zunächst eng und später zunehmend offener formuliert. So stehen in der ersten Hälfte der Grundschulzeit vornehmlich rhythmische Grunderfahrungen und -kenntnisse, erste Erfahrungen mit Materialien und Objekten sowie das Erlernen einfacher (Kinder-)Tänze im Vordergrund. Darauf aufbauend werden diese Kompetenzen in der zweiten Hälfte weiter ausgebaut und das selbstständige Improvisieren und Gestalten (von Tänzen) vermehrt fokussiert.

2 Grundkonzeption

Für die Gestaltung eines kreativen Bewegungsunterrichts liegen zahlreiche methodische Konzepte vor. Im Folgenden werden zunächst zwei Ansätze vorgestellt, die sich im Laufe der Jahre besonders bewährt haben. Sie stehen in einer großen inhaltlichen Nähe bzw. Gedankenverwandtschaft zur eigenen didaktischen Grundposition und damit zu den Konstruktionsprinzipien für die Unterrichtseinheiten im Praxisteil dieses Bandes.

Die strukturierte Improvisation

Die Methode der strukturierten Improvisation wurde von Anne und Wolfgang Tiedt im Rahmen des Bewegungstheaters (Spiel-Musik-Tanz) an der Sporthochschule Köln entwickelt. Bewegungstheater wird als ein Bereich aufgefasst, der auf der Basis des Körpers und

anhand von Bewegung durch rhythmisch-tänzerische Ausdrucks- und Darstellungsmöglichkeiten vielfältiges Lernen und Erfahren ermöglicht. Bei der strukturierten Improvisation werden zwei Arbeitsweisen – das Vor- und Nachmachen sowie das Improvisieren und Experimentieren – gemischt. Dabei wird zwischen der Übung, also Bewegungen, die vorgegeben werden, und der Bewegungsaufgabe, also zu lösenden Problemstellungen mit unterschiedlichen Freiheitsgraden, unterschieden. Die Übung ermöglicht insbesondere das Aufnehmen und Erlernen von Bewegungen, während die Aufgabe, die je nach Können und Erfahrung der Schüler durch die Lehrkraft eng oder offen gestellt sein kann, zum Ausprobieren und Erfinden von Bewegungen anregt. Die Kunst des guten Unterrichts bezieht sich auf das geschickte und variantenreiche Zusammenspiel von Übungsformen und Aufgabenstellungen, die mehr oder weniger zu- oder offengelassen werden, also auf einen Wechsel zwischen zielstrebiger Übung und unkonventioneller Fantasieanregung (Tiedt, 1995a, 1995b). Prozess- und produktorientierter Unterricht stehen gleichbedeutend für sich und nebeneinander. Das bedeutet, dass sowohl das reine Erleben von Bewegungsformen als auch eine Fokussierung auf ein Endprodukt (z. B. in Form einer Aufführung) angestrebt werden (Lichtenthaler, 2007a).

Unterrichten durch Vorgeben, Aufgeben und Anregen

Neuber (2000, 2009) hat das Konzept von Tiedt und Tiedt dahingehend weiterentwickelt, dass er zwischen drei methodischen Verfahrensweisen unterscheidet. Bei der Bewegungsanweisung wird eine genormte Bewegungsausführung erwartet. Die Lehrkraft erklärt und demonstriert genau, wie sich die Schüler bewegen sollen, wobei es nur eine Lösungsmöglichkeit gibt. Es geht in erster Linie um das Erlernen von Fertigkeiten und das Schaffen eines Bewegungspools, auf den die Schüler später zurückgreifen können. Bei der Bewegungsaufgabe können aus einer unbegrenzten Bewegungsvielfalt unterschiedliche Lösungen für eine Aufgabenstellung gefunden werden. Neuber (2000, 2009) spricht von einem Vorgehen, das sowohl prozess- als auch produktorientiert ist. Alle gefundenen Lösungen sind bedeutsam, es gibt kein richtig oder falsch. Einzelne Lösungen können herausgestellt, kommentiert, auch kritisiert werden, um dann von der Klasse geübt und weiterentwickelt zu werden. Bei der Bewegungsanregung geht es lediglich um einen Impuls zur Bewegung. Es wird keine präsentierbare Lösung angestrebt. Die Anregung ist nur prozessorientiert und kommt vor allem in Einstimmungs- und Ausklangsphasen zum Einsatz.

Neuber (2000, 2009) betont, dass die einzelnen methodischen Verfahrensweisen nicht klar abgrenzbar sind, sondern spricht von einem „methodischen Kontinuum“, bei dem die Grenzen zwischen den Möglichkeiten fließend sind. Entscheidend dafür, welche Aufgabenstellung gewählt wird, ist der damit verbundene Freiheitsgrad, der wiederum davon abhängig ist, was man erreichen möchte. „Die Kunst besteht darin, den Kindern einen ihren Voraussetzungen angemessenen, situationsgerechten Spielraum zur Verfügung zu stellen“ (Neuber, 2009, S. 65). Außerdem ist es wichtig im Verlauf einer Unterrichtsstunde immer wieder situative Anpassungen vorzunehmen, also sich in einem ständigen Fluss zwischen Öffnen und Schließen zu bewegen.

Didaktische Grundkonzeption

Mit den Stundenentwürfen in diesem Buch werden die wesentlichen Grundgedanken der beiden zuvor genannten methodischen Ansätze in die Praxis umgesetzt. Zu dem Wechsel von offenen und geschlossenen Aufgaben kommt der Aspekt der Verbesserung und Erweiterung des Bewegungsrepertoires mit Hilfe einer sogenannten Technikeinheit hinzu. Bewegungsaufgaben und Improvisationen können vielfältiger gelöst werden, wenn Kinder beweglicher und kräftiger werden; Bewegungen werden geschmeidiger, wenn man eine gute Körperwahrnehmung hat und Bewegungen werden besser auf die Musik abstimmbar, wenn sich das Musik- und Rhythmusgefühl verbessert. Um eine Weiterentwicklung zu gewährleisten, müssen bestimmte körperliche Voraussetzungen trainiert werden. Das kann quasi nebenbei auf spielerische Weise im Unterricht passieren. Um auch das Augenmerk der Schüler darauf zu richten, wird fast ritualisiert ein kleines „Warm up“ oder „Exercise“ im Anfangsteil der Stunde durchgeführt. Außerdem wird gleich zu Beginn, je nach Altersstufe, spielerisch und eher frei in das Stundenthema „hineingeschnuppert“.

Im Hauptteil findet die Auseinandersetzung mit dem zentralen Thema statt. Häufig wird mit vorgegebenen Bewegungsabläufen gearbeitet, die zunächst nach- und später umgestaltet werden. Zum Teil werden über Bewegungsaufgaben oder Improvisationen eigene Abläufe neugestaltet und (fast) immer gibt es einen Zeitraum, in dem im Zweierteam oder in der Kleingruppe eigenständig gestaltet oder experimentiert wird. Dabei ist es wichtig, diese Gestaltphasen nicht einfach ins Leere laufen zu lassen. Die meisten Kinder mögen es, das zu präsentieren, was sie erarbeitet haben. Ganz wesentlich sind an dieser Stelle aussagekräftige und motivie-

rende Rückmeldungen an die Schüler: Was hat uns gefallen und woran kann man noch arbeiten? Neben der Lehrkraft sollten hier auch die anderen Schüler einbezogen werden. Damit werden ihre Beobachtungsgabe und ihre Fähigkeit, konstruktive Kritik zu äußern, geschult. Am Ende jeder Einheit steht ein Stundenausklang, bei dem darauf geachtet wird, dass die Schüler mit einem guten und möglichst entspannten Gefühl aus der Stunde gehen.
Der Tanzunterricht soll in guter Erinnerung bleiben.

In der eigenen Konzeption für die Stundenentwürfe werden die im Kapitel 1 dargestellten inhaltsbezogenen Kompetenzbereiche aufgegriffen. Die Bewegungs- und Gestaltungsaufgaben sind manchmal geschlossen und ein anderes Mal offener formuliert – je nachdem, welches Ziel in der Stunde angestrebt wird. Auch sieht die Konzeption einen Wechsel zwischen dem Nachgestalten, dem Umgestalten und dem Neugestalten von Bewegungen vor. Ein Überblick liefert Abbildung 1.

Die **Ziele, Inhalte und Methoden** stehen in einem engen wechselseitigen Zusammenhang und sind an die Konzeptionen von Tiedt (1995a, 1995b) und Neuber (2000, 2009) angelehnt. Grundlegend geht es darum, dass die individuellen Bewegungs-, Handlungs-, Wahrnehmungs- und Ausdrucksmöglichkeiten der Schüler im Bereich des Tanzens, Gestaltens und Darstellens gefördert werden. Dazu gehören neben der reinen Aneignung von Bewegungsfertigkeiten auch Erfahrungen im kreativen Umgang mit Objekten, Materialien und/oder Handgeräten, das spielerische Erproben von vielfältigen Ausdrucksmöglichkeiten mit dem eigenen Körper

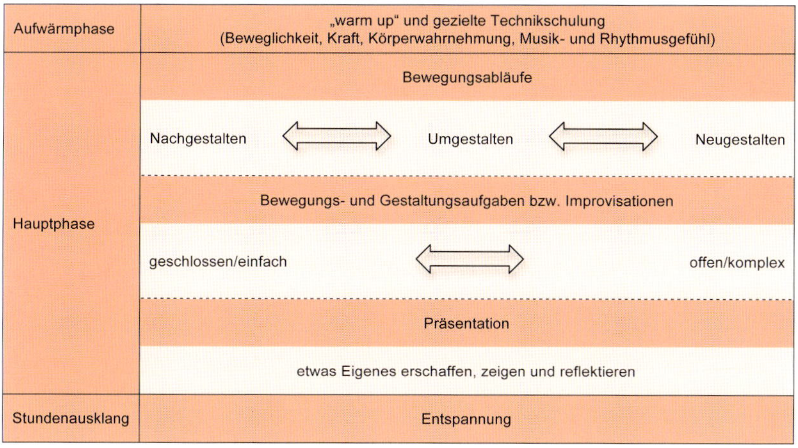

Aufwärmphase	„warm up" und gezielte Technikschulung (Beweglichkeit, Kraft, Körperwahrnehmung, Musik- und Rhythmusgefühl)
Hauptphase	Bewegungsabläufe
	Nachgestalten ⟺ Umgestalten ⟺ Neugestalten
	Bewegungs- und Gestaltungsaufgaben bzw. Improvisationen
	geschlossen/einfach ⟺ offen/komplex
	Präsentation
	etwas Eigenes erschaffen, zeigen und reflektieren
Stundenausklang	Entspannung

Abb. 1: Didaktische Grundkonzeption für die Stundenentwürfe, basierend auf den Konzepten von Neuber (2000) und Tiedt (2003)

und das Interagieren mit anderen Personen. Im Gegensatz zum herkömmlichen Tanzunterricht lernen die Kinder, selbstständig Bewegungen auszuprobieren, auszuwählen, zu kombinieren, um dann eigene Kreationen in Form von Gestaltungen festzulegen.

Auf der inhaltlichen Ebene können nach Neuber (2000, 2009) fünf verschiedene Bezugsfelder für die kreative Bewegungserziehung unterschieden werden. Um den Interessen und Neigungen möglichst aller Schüler gerecht zu werden, wird in den eigenen Stundenentwürfen auf ein breites Spektrum an Inhalten aus diesen Bezugsfeldern zurückgegriffen:

- Alltägliche Bewegungs-, Spiel- und Ausdrucksformen (z. B. Alltagsbewegungen)
- Sportliche Bewegungs-, Spiel- und Ausdrucksformen (z. B. Bewegungsfertigkeit aus der Leichtathletik)
- Darstellerische Bewegungs-, Spiel- und Ausdrucksformen (z. B. Pantomime)
- Tänzerische Bewegungs-, Spiel- und Ausdrucksformen (z. B. Kindertänze)
- Musikalische Bewegungs-, Spiel- und Ausdrucksformen (z. B. Geräusch- und Klangspiele)

Die Umsetzung orientiert sich an den methodischen Prinzipien von Neuber (2000, 2009). (1) Die Bewältigungen der Aufgabenstellungen werden durch das bereits genannte „Warm up" und entsprechende Technikschulungen vorbereitet. Damit können die Kinder in der Hauptphase auf ein gewisses Bewegungsrepertoire zurückgreifen. (2) Im Verlauf der Stunde und mit zunehmendem Erfahrungs- bzw.

Könnensstand der Schüler wird häufig die Offenheit der Aufgabenstellungen größer. Das bedeutet aber nicht, dass nur noch mit gänzlich offenen Aufgabenstellungen gearbeitet wird. Vielmehr findet je nach Situation weiterhin eine Variation des Grades der Offenheit statt, da eine zu große Offenheit häufig zu Überforderung führt und nicht zielführend ist. (3) Es werden unterschiedliche Aufgabenstellungen (Bewegungsvorgabe, -aufgabe, -anregung) kombiniert, wobei das Hauptaugenmerk in den eigenen Stundenentwürfen auf der Bewegungsaufgabe liegt. (4) In die Stundenabläufe werden verschiedene Ausgangspunkte (vgl. Kapitel 3) einbezogen, um der thematischen und bewegungsbezogenen Vielfalt gerecht zu werden. (5) Abschließend enthält die Unterrichtsplanung sowohl prozess- als auch produktorientierte Momente. Dies ermöglicht sowohl das eigenständige Erkunden und Entwickeln als auch das Festlegen und Präsentieren von Bewegungsabläufen. Zusammengefasst geben die Stundenabläufe einen Rahmen vor, der jedoch keineswegs eine situationsadäquate flexible Unterrichtssteuerung ausschließen sollte.

Im Gegensatz zu den oben genannten Konzepten, die offener und spielerischer sind, konzentrieren wir uns in erster Linie auf den Tanz und das Gestalten. Uns ist es wichtig, dass am Ende immer ein kleines Produkt steht, das die Stunde abschließt und die Inhalte dadurch für die Kinder auf der sensorischen Ebene fassbar macht.

3 Praktisches Handwerkszeug

Um Tanz zu unterrichten ist erstens eine kleine Grundausstattung wichtig – ähnlich wie bei einem Werkzeugkasten, in dem Utensilien wie Hammer, Schraubenzieher, Zange und Nägel nicht fehlen dürfen. Zweitens wird ein bestimmtes Maß an Hintergrundwissen benötigt, um die Stundenentwürfe dieses Buches kompetent in die Praxis umsetzen zu können. Im Folgenden wird – auf der Basis einer Zusammenschau verschiedener Literaturquellen (u. a. Adam, 2003; Beck & Maiberger, 2005; Becker, 2018; Datzer, Liesen, Marquardt, Metz & Tiedt, 2007; Drefke & Vent, 1988; Ellermann & Martin, 1998; Lichtenthaler, 2007b; Meusel & Wieser, 1995; Pollähne & Postuwka, 1995a; Tiedt, 1995b) – auf diese beiden Aspekte eingegangen.

Tanzunterricht funktioniert fast immer nur mit **Musik**. Dem Thema entsprechend, muss – wie bei den Stundenentwürfen in diesem Buch – Musik gesucht und ausgewählt werden. Für die eigenständige Planung ihres Unterrichts brauchen die Lehrkräfte daher eine gewisse Sicherheit im Umgang mit und bei der Umsetzung von musiktheoretischen Begriffen. Auch die Schüler sollen diese wichtigen Begriffe lernen und begreifen. Es gibt sogar Stundenentwürfe, deren explizites Ziel das Erlernen und Unterscheiden dieser **musiktheoretischen Grundlagen** ist.

Die größte musikalische Einheit ist das **Metrum**. Das Metrum ist der Grundschlag der Musik und wird auch beat oder Puls genannt. Diese Grundschläge eines Musikstücks sind alle gleich lang und gleich betont. Das Metrum gibt das Tempo an; daher hat das Metronom seinen Namen. Durch die Angabe oder das Zählen von „beats per minute“ (bpm) kann das Tempo erkannt werden. Im Tanzen spricht man auch von Zählzeiten (ZZ). Würde man das Metrum auf ein Blatt Papier zeichnen und dadurch bildlich festhalten, wären auf dem Blatt unausgemalte, gleich große Kreise in regelmäßigen Abstand zu sehen:

Die nächstkleinere Einheit ist der **Takt**. Der Takt gliedert den Grundschlag in betonte und unbetonte Zeiteinheiten. Die einzelnen Einheiten sind durch Taktstriche gegliedert. Vor der betonten ersten ZZ, der 1, wird der Taktstrich gesetzt. Für die Musikauswahl in der Grundschule spielt der $^4/_4$-Takt die wichtigste Rolle, bei dem nach vier Viertelnoten wieder die betonte erste Note folgt. Es gibt gerade und ungerade Taktarten; beim $^3/_4$-Takt z. B. wird auch die erste Note betont, es folgt die zweite Viertelnote und nach der dritten kommt der Taktstrich bevor wieder die 1 betont wird. Hält man den $^4/_4$-Takt bildlich fest, sähe das folgendermaßen aus:

Es folgt der **Rhythmus**. Beim Rhythmus handelt es sich um die unterschiedliche Zeiteinteilung und Akzentuierung der Noten innerhalb der Taktstriche. Bleiben wir beim $^4/_4$-Takt, so müssen wir beim Zusammenrechnen der Notenwerte innerhalb von zwei Taktstrichen immer auf die Zahl 4 kommen. Dafür muss man wissen, dass eine ganze Note 4 ZZ gehalten wird, eine halbe 2, eine Viertel 1 und eine Achtelnote eine halbe ZZ, also nur ein „und". Beginne ich beim „Bauen" meines eigenen Rhythmus mit einer halben Note, so habe ich danach entweder die Möglichkeit noch eine halbe Note oder zwei Viertelnoten oder eine viertel- und zwei Achtelnoten oder vier Achtelnoten anzubauen:

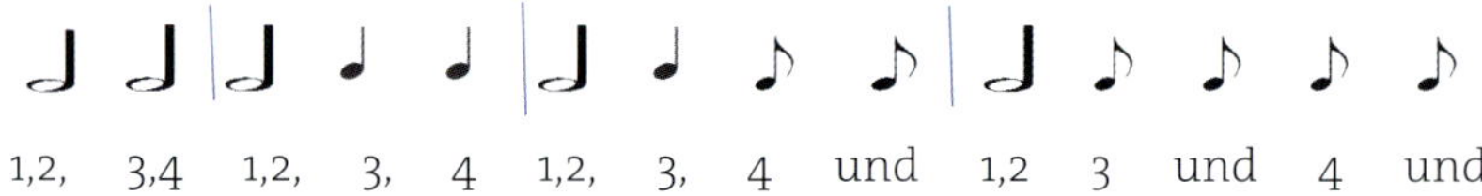

Ein Rhythmus ist gegliedert, hat einen Anfang und ein Ende und ist somit wiederholbar. Gut erklärbar ist er auch mit Hilfe eines Anfeuerungsrufes, z. B.

Deutschland vor, noch ein Tor

1, 2, 3,4, 1, 2, 3,4

Welche Bedeutungen haben diese Aspekte nun für den Tanzunterricht?

Ein Einstieg in den Unterricht ist oft, die Schüler zur Musik gehen zu lassen. Die Anweisung lautet dann: „geht im Metrum der Musik" oder: „geht im Tempo der Musik" – und nicht im „Rhythmus" der Musik, was die meisten unerfahrenen Tanzunterrichtenden sagen. Das wäre eine etwas andere Aufgabe, die an dieser Stelle aber meistens nicht gewollt ist.

Ein weiterer wichtiger Punkt im Tanzunterricht ist das „Zählen" zu Musik oder auch das Zählen als Bewegungsbegleitung ohne Musik. Gerade zu Beginn des Erlernens eines Bewegungsablaufs überfordert es die Schüler, wenn sofort Musik dazu abgespielt wird. Oft braucht es erst ein langsameres Tempo. Beim „Zählen" kann das Tempo optimal auf die Lernsituation der Schüler angepasst und so lange gesteigert werden, bis der Ablauf in der Musikgeschwindigkeit beherrscht wird. Auch beim Tanzen zu Musik, kann es erleichternd sein, wenn zunächst noch unterstützend gezählt wird. Wenn man mit Musik im 4/4-Takt arbeitet, was in der Grundschule meistens der Fall ist, wird im Tanzunterricht bis zur ZZ 4 (also über einen Takt) oder bis zur ZZ 8 (also über eine Phrase) gezählt. Unter einer Phrase versteht man die musikalisch sinnvolle Gliederung von Tongruppen, man spricht auch von einem Spannungsbogen.

Auch das sogenannte „Einzählen“ ist in der Tanzstunde unumgänglich. Durch das „Einzählen“ wird den Schülern das Signal für einen gemeinsamen Anfang gegeben, ohne oder passend zur Musik. Viele Menschen finden den richtigen Moment für das „Einzählen“ automatisch, andere müssen es üben. Beim „Einzählen“ kann ich entweder mit einem Auftakt oder dem klassischen „Einzählen“ arbeiten. Der Auftakt dauert 2 ZZ (uuuuuund), das Einzählen 4 (5,6,7,8) und erfolgt auf den 4 ZZ, die dem betonten Taktteil des Spannungsbogens vorausgehen. Der Bewegungseinsatz erfolgt dann zu Beginn eines Spannungsbogens auf dem betonten Taktteil (z. B. bei Beginn einer neuen Strophe). Auch die Schüler sollen im Laufe der Zeit lernen, die „1“ zu finden, sich selbstständig einzuzählen und mit einem gemeinsamen Einsatz zu starten.

Allerdings ist nicht nur der musiktheoretische Hintergrund für den Tanz- und Bewegungsunterricht von Bedeutung. Ein wichtiges Hilfsmittel, auf das man als Lehrender unbedingt zurückgreifen und daher verstehen und anwenden können sollte, ist die **Musikanalyse**. Dadurch, dass die gehörte Musik sozusagen „verschriftlicht“ wird, man das „Gehörte“ also „sehen“ kann, erhält man einen Überblick über das gesamte Stück und dessen Ablauf. Überflüssige Teile können herausgeschnitten oder lange Lieder an richtiger Stelle gekürzt werden. Der formale Aufbau der Musik ist hilfreich für die Gestaltung und Planung von Unterricht und Choreographien. So besteht die Möglichkeit Schritte und Bewegungsmotive bei wiederkehrenden Teilen ganz, teilweise oder ähnlich wiederaufzunehmen. Erkenntnisse und Besonderheiten in der Musik oder der Instrumentierung können in der Bewegung umgesetzt werden. Und nicht zu vergessen, durch das Notieren der Sekunden- oder Minutenzahl an entsprechenden Teilen der Musik wird das Spulen im Unterricht erleichtert und viel Zeit gespart.

Eine mögliche Vorgehensweise zum Erstellen einer Musikanalyse, die leicht zu erlernen und einfach umsetzbar ist, beginnt damit, dass der Liedtitel, der Interpret, die Länge und die Taktart des Stückes notiert werden. Danach werden die Takte gezählt und immer nach 4 ZZ ein waagerechter Strich in ein Kästchen einer vorliegenden Tabelle gemacht (siehe unten). Beim weiteren Hören des Liedes kennzeichnet man die einzelnen Abschnitte der Musik mit Buchstaben (z. B. A: Strophe, B: Refrain, C: Instrumentalteil, usw.), die zu Beginn des Abschnitts über die waagerechten Striche notiert werden. Wiederholt sich der Abschnitt, wird der gleiche Buchstabe genutzt. Wird der Abschnitt mit Variationen wiederholt, kennzeichnet man das mit einem kleinen Strich neben dem Buchstaben (A´, B´, usw.). Beim wiederholten Hören des Musikstückes werden Besonderheiten gekennzeichnet wie die Instrumentierung, Auffälligkeiten im Gesang, mit Beat, ohne Beat, Dynamik und Ähnliches. Außerdem wird die entsprechende Zeit an die jeweiligen Abschnitte notiert.

- Titel: Iron
- Interpret/in: Woodkid
- Länge: 1.57 (gekürzt)
- Takt: 4/4

I Bläser				**I'** 0.15	Drums		
A 0.29 Gesang (weich + ruhig) →				**A**			
B 0.59 Bläser & Drums Instrumental →				**A'** 1.13 Gesang (Huihui...)			
A'' 1.29 Gesang (höher & leidenschaftl.) →				**B** 1.43 siehe oben Teil B			

Wichtiges Material für den Tanzunterricht sind die **Bewegungsgrundformen**. Hierbei handelt es sich um Grundbewegungsarten, die die Schüler mitbringen. Mit Hilfe der Bewegungsgrundformen kann man sich abwechslungsreich fort- und im Raum bewegen, sie sind die Basis aller Schrittkombinationen und Bewegungsmotive. Sie können im Unterricht variiert und weiterentwickelt werden und Ausgangspunkt von Stundenkonzepten sein.

Im Folgenden werden die Bewegungsgrundformen aufgelistet und beschrieben. Das soll helfen, sie sich immer wieder ins Gedächtnis zu rufen, auch wenn man sie als Lehrkraft lange nicht gemacht hat. Die Notierung ist wichtig, damit man weiß, wie man zu der Grundform zählen muss. Die rhythmische Struktur hilft dabei; so werden gleichmäßige Grundformen einfach durchgezählt, ungleichmäßige sind punktiert und werden beim Zählen kurz „gehalten". Durch den Bodenkontakt und die Schrittfolge wird erkennbar, ob die Füße alternierend aufgesetzt werden oder ob ein Fuß zweimal Bodenkontakt hat. Die Verlagerung gibt Hinweise darauf „wie ich in die Bewegung hereinkomme". So beginnt Hüpfen „von unten" mit einem tiefverlagerten Schritt, bevor der explosive Abdruck folgt. Das Doppelfedern z. B. beginnt dagegen „von oben" mit einer kurzen Flugphase, auf die das Federn folgt. Durch die bpm erkennt man, in welchem Tempo die Bewegungsgrundform ausgeführt wird. Das kann vor allem bei der Musikrecherche hilfreich sein.

Gehen

- Viertelnoten (1,2,3,4)
- Gleichmäßige rhythmische Struktur
- 1 Bodenkontakt
- Schrittfolge: R L R L
- Meistens flachverlagert
- 100–140 bpm

Bewegungsbeschreibung: Gehen entsteht durch eine Gleichgewichtsübertragung von einem Bein auf das andere, wobei das ausgreifende Bein eng am Standbein vorbeigeführt wird. Bei dieser gleichmäßigen, zielgerichteten, kontinuierlichen Bewegung von einem Bein auf das andere, hat ein Fuß immer Bodenkontakt. Das Abrollen erfolgt über Ferse und Mittelfuß zum Ballen bis zum Zehenabdruck. Der Oberkörper ist aufgerichtet, die Augen auf das Raumziel gerichtet, die Arme schwingen in Gegenbewegung locker mit.

Laufen

- Achtelnoten (1 und 2 und 3 und 4 und)
- Gleichmäßige rhythmische Struktur
- 1 Bodenkontakt
- Schrittfolge: R L R L
- Hochverlagert
- 150–180 bpm

Bewegungsbeschreibung: Beim Laufen erfolgt eine Gewichtsübertragung von einem Bein auf das andere, verbunden mit einer kurzzeitigen Aufgabe des Bodenkontaktes (Flugphase). Der Bewegungsansatz erfolgt vom Fußballen. Mit Abrollen des Fußes bis zur Ferse wird das hintere, inzwischen fast gestreckte Bein mit leicht angewinkeltem Knie nach vorne geschwungen. Während die Schwungphase des vorderen Beines noch andauert, beginnt nach dem Abstoß des hinteren Beines dessen Schwungphase. Der Oberkörper hat eine leichte Vorlage, die Arme unterstützen die Bewegung durch ein wechselseitiges Mitschwingen. Das Tempo ist schnell.

Hüpfen

- Punktierte Achtel- und Sechzehntel
  (ein e und zwei e und drei e und vier e)
- Ungleichmäßige rhythmische Struktur
- 2 Bodenkontakte
- Schrittfolge: R R L L
- Tiefverlagert (und Hochphase im Sprung)
- 90–110 bpm

Bewegungsbeschreibung: Das Hüpfen beginnt mit einem Schritt. Es erfolgt ein explosiver Abdruck des Sprungbeins von der Beugung in die Streckung. Das Spielbein wird angezogen, das Knie ist gebeugt, der Fuß auf Höhe des Absprung-Knie zum Boden gestreckt. Nach einer kurzen Flugphase wird auf dem Absprungbein gelandet. Das Spielbein greift nach vorne aus und führt den nächsten Schritt für den nächsten Hüpfer aus. Die Arme schwingen gegengleich mit. Bekannt ist die Aneinanderreihung von Hüpfbewegungen als Hopserlauf.

Galoppieren (tiefverlagert)

- Punktierte Achtel und Sechzehntel
  (ein e und zwei e und drei e und vier e)
- Ungleichmäßige rhythmische Struktur
- 1 Bodenkontakt
- Schrittfolge: R L R L
- 1 Tiefverlagerung und 1 Hochverlagerung
- 90–120 bpm

Bewegungsbeschreibung: Das tiefverlagerte Galoppieren beginnt mit einem Schritt (vw, sw oder rw). Es erfolgt ein explosiver Abdruck mit dem Sprungbein und in der Luft berühren sich beide gestreckten Beine kurz. Die Landung erfolgt auf dem Spielbein. Man kennt das Galoppieren als Nachstellschritt (vw, rw) oder als Seitgalopp (sw). Die rhythmische Struktur und die Flugphase findet man auch beim Hüpfen, beim Galoppieren werden aber Absprung- und Landebein nach jeweils einmaligen Bodenkontakt gewechselt. Dies bezeichnet man auch als Seitgalopp oder Wechselschritt.

Galoppieren (hochverlagert)

- Punktierte Achtel und Sechzehntel (ein e und zwei e und drei e und vier e)
- Ungleichmäßige rhythmische Struktur
- 1 Bodenkontakt
- Schrittfolge: R L R L
- 1 Hochverlagerung mit Schrittlandung
- 90–120 bpm

Bewegungsbeschreibung: Beim Pferdchengalopp erfolgt der Abdruck von dem einem und die Landung auf dem anderen Bein. Das Bein, von dem der nächste Abdruck erfolgt, wird danach aufgesetzt. Der Abdruck erfolgt immer vom gleichen Bein. Der Bewegungsablauf gleicht einem Pferdchensprung oder der Überquerung von Hindernissen.

Doppelfedern

- Gleichmäßige rhythmische Struktur (1 und 2 und 3 und 4 und)
- Achtelnoten
- 2 Bodenkontakte
- Schrittfolge: R R L L
- Hochverlagert
- 130–144 bpm

Bewegungsbeschreibung: Beim Doppelfedern beginnt die Bewegung mit einem Schritt bzw. mit einem Abdruck und Sprung auf ein Bein. Es erfolgt sofort wieder ein Abdruck vom Landebein, bei der die Zehenspitzen in Bodenkontakt bleiben oder leicht abheben. Auf diese kurze Phase erfolgt eine Landung auf demselben Bein. Der Fuß wird von den Zehen bis zur Ferse abgerollt und der nächste Impuls nach oben eingeleitet. Der unbelastete Fuß wird nach vorne durchgeschwungen, um dann die Bewegung von oben neu ansetzen zu können.

Ergänzt werden die Bewegungsgrundformen durch die **gymnastischen Grundformen**. Sie werden von den Schülern nicht mitgebracht, sondern müssen erlernt, wiederholt und geübt werden.

Auch sie können in Schritt- und Bewegungskombinationen eingebaut werden. Dadurch gewinnen diese an Komplexität und können Lernziel einer Tanzstunde sein.

Springen

Das Springen gliedert sich in vier Phasen:

1. Ausholphase
2. Absprungphase
3. Flugphase
4. Landephase

In der Ausholphase wird der Körperschwerpunkt (KSP) durch Beugung der Sprung-, Knie- und Hüftgelenke gesenkt. Die Arme unterstützen die Bewegung. Beim Absprung liegt der KSP direkt über der Abdruckstelle, damit der Krafteinsatz voll ausgenutzt werden kann. Durch Abrollen der Füße und aktive Streckung aller Gelenke erfolgt der Abdruck vom Boden. Die Flugphase beginnt, wenn die Füße keinen Bodenkontakt mehr haben. Mit dem Aufsetzen einer oder beider Füße beginnt die Landephase. Die angespannte Muskulatur wird, bis auf die Beine, die das Körpergewicht auffangen, gelöst. Durch Beugen der Gelenke erfolgt ein weiches Auffangen und Nachgeben.

- Von 1 auf 2 (Assemblé)
- Von 2 auf 1 (Sissone)
- Von 2 auf 2 (Jump)
- Von 1 auf 1, Sprung und Landebein ungleich (Jeté sauté)
- Von 1 auf 1, Sprung und Landebein gleich (temps levé sauté)

Schwingen

Schwingen besteht aus einem ständigen Wechsel von Impulseinsatz (im höchsten Punkt) und wirken lassen (am niedrigsten Punkt). Da durch ein ständiges Beugen und Strecken in den Gelenken der Impuls gegeben wird, der die Voraussetzung für den Schwung bildet, wird beim Schwingen der ganze Körper aktiviert. Entscheidend ist das Wirken lassen der Schwerkraft als Antrieb und Auftrieb der Bewegung. Schwingen gliedert sich in drei Phasen:

1. Aufbauen, einatmen, einsetzen der Schwerkraft
2. Schwerkraft nachgeben, ausatmen, fallen/schwingen lassen bis zum höchsten Punkt
3. Umkehrpunkt: warten, bis das entsprechende Körperteil wieder fällt, Schwerkraft überwinden und wieder von vorne beginnen

Stände

Stände sind Positionen, in denen der Körper in einer bestimmten Haltung fixiert werden muss. Man unterscheidet:

- Sohlenstand: Gewicht auf drei Punkten; Ferse – Großzehballen – kleiner Zeh: großer Zeh drückt gegen den Boden, Entlastung der Fußinnenkante
- Ballenstand beidbeinig: Aneinanderpressen der Fersen, Strecken der Knie, Körperspannung durch Anspannen von Bauch- und Gesäßmuskulatur, Aufrichtung in Rumpf und Becken
- Ballenstand einbeinig: starke Beanspruchung von Rücken- und Gesäßmuskulatur, Ganzkörperspannung, aufrechte Körperhaltung, Schultern locker, verschiedene Spielbeinpositionen möglich

Drehungen

Drehungen sind Rotationen um die Körperlängsachse auf einem oder zwei Beinen. Es besteht ein enger Zusammenhang zu den Gleichgewichtselementen. Die Beherrschung der Stände ist Voraussetzung für die Durchführung von Drehungen. Wichtig ist die klare Orientierung durch die Fixierung eines Punktes (Head Spot) sowie die Einbeziehung der Arm- und Kopfbewegung in die Drehung. Man unterscheidet:

- Verschiedene Spielbeinhaltungen
- Verschiedene Drehrichtungen
  - zum Standbein hin: en dedans
  - zum Spielbein hin: en dehors

Tanzunterricht kommt, wenn er produktorientiert ist, zu einem Ergebnis, das aufgeführt werden kann. Gerade für Grundschulkinder ist es ein schönes Erlebnis, sich zu präsentieren und zu zeigen, was man erschaffen hat. So ein Ergebnis nennt man **Gestaltung** oder **Choreographie**. Um dazu zu kommen, gibt es eine Reihe von

Bedingungen, die im Vorhinein geklärt bzw. berücksichtigt werden sollten. Das macht den Prozess leichter und das Ergebnis besser.

Pollähne und Postuwka (1995b) sprechen von zwei Ebenen der Gestaltung. Die erste Ebene, die Vorplanung, steckt die **Rahmenbedingungen** ab, in denen die Gestaltung (und vorher der Unterricht) stattfindet.

Personelle Bedingungen: Hier unterscheidet man zwischen den Bedingungen, die die Lehrkraft, und denen, die die Klasse mitbringt. Als Lehrkraft muss man sich seinem bewegungstechnischen Können bewusst sein. Dabei geht es nicht darum, hervorragende Fähigkeiten im Tanz zu besitzen, aber das, was vorgemacht wird, muss beherrscht werden. Kommt der Lehrende an seine körperlich-motorischen Grenzen, ist es umso wichtiger gute Aufgaben zu stellen, um die Schüler herauszufordern und zu fördern. Gerade im Tanzunterricht muss die Lehrkraft authentisch sein und bleiben. Sie muss hinter der Unterrichtsidee und den Inhalten stehen, die sie vorgibt. Man kann nicht überzeugt Hip-Hop unterrichten, wenn einem die Musik nicht gefällt oder eine Klasse improvisieren lassen, wenn es einem selber unangenehm ist.
Die Bedingungen, die die Klasse mitbringt, sind einfach abzuchecken: Wie groß ist die Klasse und wie alt sind die Schüler? Wie viele Jungen und wie viele Mädchen sind in der Klasse? Haben sie im Sportunterricht oder vielleicht auch in irgendeinem anderen Kontext schon einmal getanzt? Es ist aber auch wichtig nachzuhören, was die Kinder mögen, z. B. welche Musik gerade in ist und ob es Themen gibt, die sie im Moment beschäftigen oder die an andere Unterrichtsfächer anknüpfen. Wenn Kinder in der Klasse sind, die tanzen oder turnen, kann man ihre besonderen Fähigkeiten in seinen Unterricht und die Gestaltung einfließen lassen. Können sie vielleicht anderen helfen oder ihnen etwas beibringen? Manchmal können andere Schüler durch Üben gleiche oder ähnliche Elemente zeigen. Und manchmal muss so gestaltet werden, dass es nicht auffällt, dass die Elemente nicht von allen beherrscht werden. Darin liegt u. a. die Kunst des Gestaltens.

Materielle/finanzielle Bedingungen: Tanzunterricht braucht Platz. Im Klassenzimmer kann man nicht gestalten. Wenn im Sportunterricht Tanzen unterrichtet wird, steht normalerweise eine Sporthalle zur Verfügung und die sollte genutzt werden. Soll mit Handgeräten und Materialien gearbeitet werden, dann muss geschaut werden, was der Geräteraum hergibt. Meistens fehlt an Schulen das Geld für Neuanschaffungen, manchmal können aber teure Geräte in kreativer Weise durch günstige ersetzt werden.

Genauso ist es mit der Anschaffung von Kostümen. Jede Gestaltung wirkt mehr, wenn die Tänzer ein Kostüm anhaben. Dafür braucht man nicht unbedingt neue Kleidung kaufen. Die einfachste Variante ist es, Farben festzulegen: schwarze Hose, schwarzes T-Shirt oder Jeans und weißes T-Shirt usw. Eine andere Möglichkeit besteht darin, die Art der Kleidung zu bestimmen, z. B. Leggins, darüber kurze Hose und Tanktop, Farbe frei wählbar. Eine weitere Idee ist es, mit Farbfamilien zu arbeiten. Einige tragen Kleider, andere weite Hosen und enge Shirts, wiederum andere enge Hosen und weite Shirts – alles unterschiedlich, aber der gleichen Farbfamilie zugehörig.

Institutionelle/strukturelle Bedingungen: Unter diesen Punkt fallen Aspekte wie der Anlass der geplanten Aufführung. Auf einer Weihnachtsfeier in der Aula gibt es andere Bedingungen als beim Sportfest auf der Rasenfläche. Steht die Gestaltung am Ende einer Unterrichtseinheit soll das Ergebnis vielleicht in die Bewertung mit einfließen. Dann sind klare Kriterien zu formulieren, die vorher im Unterricht eine Rolle gespielt haben müssen, damit die Kinder diese auch erfüllen können. Sie erleichtern die Bewertung bzw. begründen sie.

Sind die Rahmenbedingungen geklärt, rückt die zweite Ebene in den Vordergrund, der eigentliche **Gestaltungsprozess**. Meusel und Wieser (1995) unterscheiden drei Formen der Gestaltung: das Nachgestalten, das Umgestalten und das Neugestalten.

Nachgestalten (Reproduktion): Beim Nachgestalten werden Schrittfolgen, Bewegungsabläufe oder ganze Tänze imitiert. Die Abläufe werden zu Beginn des Unterrichts präsentiert und sollen von den Schülern durch zielgerichtetes Üben gefestigt werden. Lässt man eine Schrittkombination aus den Stundenbeispielen dieses Buches nachtanzen und einüben, spricht man von einer Nachgestaltung.

Umgestalten (Reproduktion und Produktion): Die Umgestaltung ist durch einen Wechsel von Imitation und Improvisation gekennzeichnet. Hier werden Schrittfolgen, Bewegungsabläufe oder Tänze in einem abgesteckten Rahmen variiert und weiterentwickelt.
Das geschieht zum Teil mit Hilfe von Gestaltungskriterien, auf die später noch eingegangen wird. Mit Umgestaltungen dieser Art wird in diesem Buch oft gearbeitet. Es wird z. B. eine Schrittkombination erlernt und im Raum verändert oder mit Armbewegungen kombiniert. Nach einer solchen Umgestaltung, die in der Regel in Kleingruppen erarbeitet wird, ist zwar der Kern des Schrittes meist noch erkennbar, aber kein Gruppenergebnis ist mit einem anderen identisch. Umgestaltet wird auch, wenn man z. B. aus dem Internet

oder aus Filmen Tanzschritte übernimmt und für die Schüler vereinfacht.

Neugestalten (Produktion): Bei der Neugestaltung wird durch eigenständiges Suchen und Ausprobieren Material gefunden und festgehalten. Nach einer Phase der Reflektion und des Auswählens werden die Schrittkombinationen und Bewegungsabläufe überarbeitet, verändert und schließlich geübt, bis sie gefestigt sind.
Bei Neugestaltungen entsteht immer etwas, was vorher so noch nie da war. Finden die Schüler z. B. Lieblingsbewegungen zu einer bestimmten Aufgabenstellung und reihen diese als Paar aneinander, entsteht ein völlig neuer Ablauf, der keinem anderen Ablauf in der Gruppe gleicht.

Am Ende des Gestaltungsprozesses steht als Produkt eine Choreographie oder Komposition. Auf dem Weg zu ihr kann mit allen Formen der Gestaltung gearbeitet worden sein. Wie man an den Beispielen sieht, spielen Nachgestalten, Umgestalten und Neugestalten im Tanzunterricht eine zentrale Rolle.
Ein weiterer wichtiger Punkt sind die schon erwähnten Gestaltungskriterien, die Bewegungen spannend und abwechslungsreich machen. Sie können Ausgangspunkt und Inhalt einer Tanzstunde sein. Sie sind auf alle Bewegungen anwendbar und darüber hinaus auf alles andere, was präsentiert wird, z. B. ein Referat oder eine gute Unterrichtsstunde.

Die Gestaltungskriterien: In der Literatur wird z. T. auch von Gestaltungsprinzipien oder Gestaltungsparametern gesprochen – gemeint ist immer Ähnliches. Wir unterscheiden die Kriterien Form, Zeit, Dynamik und Raum, und beziehen uns auf Becker (2018), die in ihrem „Leitfaden zur Bewegungsgestaltung in Tanz und Tanztheater" ausführlich darauf eingeht.

Ausgehend von einfachen Bewegungsideen können neue und unkonventionelle Schrittkombinationen entwickelt werden. Dabei bietet die technisch-anatomische FORM vielfältige Variationsmöglichkeiten. So können durch verschiedene

- Formen der Spielbeinbewegungen im Knie- und Hüftgelenk
- Fußaufsätze über Ferse oder Spitze, ein- oder ausgedreht
- Bewegungen und Stellungen des Beckens, der Arme, Ellbogen, Hände und Finger
- Gehstile, Gehdesigns, bzw. die Techniken (z. B. Hip-Hop)

unzählige Möglichkeiten entstehen.

Becker (2018) schreibt, dass die durchgehend metrische Umsetzung einer Musik, also „Beat für Beat", eine Choreographie monoton erscheinen lässt.

Um die ZEIT zu variieren kann ich

- das Grundtempo verdoppeln,
- das Grundtempo halbieren,
- Bewegungs-Stops (kurz Pausen) einbauen,

- Akzentuierungen (einzelne ZZ entsprechend einer punktierten Viertelnote um den halben Notenwert verlängern) einbauen
- Abläufe und Schrittkombinationen im Kanon oder gleichzeitig ausführen.

Bewegungen werden DYNAMISCH interessant, wenn sie

- weich oder kraftvoll (Lagato-Staccato) sind,
- Spannungswechsel enthalten (Höhepunkte, Ruhepunkte, am Ort, im Raum),
- punktuell oder gleichmäßig in ihrer Intensität gesteigert werden,
- regelmäßige oder unregelmäßige Akzente haben oder
- mit bestimmten Akzentuierungen/Kontrasten gesetzt werden (z. B. schnelle, kraftvolle Bewegung in ruhiger Musikphase).

Bewegungsmotive können im RAUM gestaltet werden, indem mit verschiedenen

- Richtungen (vor, rück, seit, diagonal, usw.),
- Ebenen (Boden, halbe Höhe, Stand, Ballenstand, Luft, usw.),
- Dimensionen (Weite-Enge, Zusammenballung oder Ausnutzung freier Flächen),
- Wegen (direkte Linien: Gerade, Diagonale, indirekte Linien: Kurve, Kreis, usw.),
- Ausrichtung von Körperfront und Blick,
- Gruppenformationen im Raum (Reihe, Diagonale, Pyramide, Gasse, usw.)

gearbeitet wird.

Diese Kriterien formieren sich zu so etwas wie einem Rezeptbuch für eine gute Gestaltung. Wirken Tänze langweilig, sind es meistens genau diese Variationen, die fehlen oder zu wenig angewendet wurden. Wenn man selbst das Gefühl hat, das an einem Ergebnis etwas fehlt, kann man diese Liste durchgehen und überlegen, durch welche Unterkriterien man der Gestaltung den letzten Schliff geben kann.

Daneben hängt die Qualität der Gestaltung auch vom dramaturgischen Aufbau ab. Eine Choreographie braucht einen roten Faden, dadurch entsteht der Spannungsbogen. Die gewählte „Geschichte“, ob thematisch oder abstrakt, sollte konsequent durchgehalten werden. Requisiten und Materialien verschwinden nicht nach einmaligem Gebrauch, sondern werden zum Bestandteil der Choreographie. Durch Hinzunahme von Rhythmisierungen, Tempowechseln und

Differenzierungen innerhalb der Gruppe erfolgt eine choreographische Verdichtung, wobei entwickelte Bewegungsmotive immer wieder in Variationen auftauchen können. Auch sie ziehen sich wie ein roter Faden durch die Gestaltung.

Weitere Ausgangspunkte für Gestaltungen und Themen für Tanzstunden

Oft steht man im Tanzunterricht vor der Frage, was eigentlich das Thema der Stunde oder Unterrichtseinheit sein soll. Einfach „Tanzen" wäre sehr offen und würde das Formulieren von konkreten Stundeninhalten schwermachen. Es gibt verschiedene Ausgangspunkte für Gestaltungen, die gleichzeitig Thema für Tanzstunden oder ganze Unterrichtsverläufe sein können.

Bewegungsmöglichkeiten des Körpers: Unter diesen Punkt fallen z. B. die Bewegungsgrundformen und die gymnastischen Grundformen. So kann man eine Stunde planen, in der sich die Schüler schwerpunktmäßig mit einer einzelnen Bewegungsgrundform wie „Laufen" auseinandersetzen. Oder das „Laufen" wird mit anderen Elementarformen wie „Rutschen, Rollen und Springen" verknüpft. Oder es werden innerhalb einer Einheit viele unterschiedliche Grundformen verwendet. Die Schüler können sich z. B. mit den verschiedenen Bewegungsmöglichkeiten der Wirbelsäule oder des Beckens beschäftigen und ausprobieren, was passiert und wie sie

sich bewegen können, wenn ihre Hände hinter dem Rücken zusammengebunden sind.

Musikvorlage/Rhythmen/Klänge: Auch die Umsetzung der Musiktheorie kann Unterrichtsinhalt sein. Zu erfahren, was ein Metrum ist, wie es sich vom Takt unterscheidet oder wie man mit Hilfe von Rhythmen zu Schrittabfolgen kommen kann, ist für die Schüler hilfreich, um ein gutes Gefühl für Musik zu entwickeln, sich selbstständig einzuzählen und auf eigene Bewegungsideen zu kommen. Ausgangspunkt einer Musikanalyse kann auch ein spezielles Lied sein, bei dem die Schüler mit Hilfe den formalen Aufbau analysieren und nach Abschnitten verschiedene Gestaltungsschwerpunkte erproben können. Ebenfalls spannend ist es, ohne Musik vom Band zu arbeiten, vielleicht selber Klänge und Geräusche zu erzeugen oder gar durch die eigene Bewegung „Musik" zu machen, wie beim Steppen oder bei Stomp.

Gestaltungskriterien: Wie schon erwähnt sind die Gestaltungskriterien nicht nur das Handbuch zur Fertigung guter Gestaltungen, sie können auch Thema und Inhalt von Tanzstunden sein. Gerade, wenn die Schüler lernen sollen, selber zu gestalten, ist es wichtig, dass sie Dimensionen wie Raum, Zeit, Dynamik und Form in verschiedenen Ausprägungen erlebt haben. Auch in diesem Buch sind Stundenbeispiele zu einzelnen Gestaltungskriterien zu finden. Wichtig ist es, dass man hierbei die Schüler nicht überfordert, also z. B. nicht zu viele Kriterien oder Unterkriterien in eine Unterrichtsstunde packt.

Fertigkeiten: Unter die Überschrift „Fertigkeiten" fallen bestimmte Tanztechniken wie Hip-Hop oder Modern Dance. Man kann aber auch Fertigkeiten aus anderen Sportarten in die Gestaltungen integrieren, z. B. die Schüler mit Fußbällen oder Basketbällen tanzen lassen. Gut geeignet für choreographische Aufarbeitungen sind zudem Akrobatik- und Zirkusthemen, z. B. ein Gruppenturnen mit Bodenmatten und Kästen zu einer James-Bond-Musik.

Partner/Gruppe: Das Arbeiten im Team spielt im Tanzunterricht eine große Rolle. Es ist so facettenreich, dass es zu einem kompletten Stundenthema ausgebaut werden kann. Bewegungen lassen sich z. B. spiegelbildlich oder im Schatten tanzen, man kann das Echo von jemandem Anderen sein oder eine Marionette. In einer Gruppe ergeben sich viele Zusatzmöglichkeiten, die die Schüler alleine oder zu zweit nicht haben. So können z. B. Wellenbewegungen, Kettenreaktionen, Dominoeffekte simuliert werden, die alleine nicht darstellbar wären.

Handgeräte/Objekte/Materialien: Etwas in der „Hand zu haben" hilft manchmal über Unsicherheiten hinweg. Da sowohl Schüler als auch Lehrkräfte im Bereich des Tanzunterrichts oft unsicher sind, ist es sehr beliebt mit Objekten und Materialien zu arbeiten. Gut einsetzbar sind die klassischen Geräte der rhythmischen Gymnastik, Reifen, Ball, Band und Seil, wobei die Verwendung klassischer Geräte nicht damit gleichzusetzen ist, dass man „klassisch" mit ihnen arbeiten muss. Diese Geräte können vielfältig verfremdet und bewegungstheatralisch eingesetzt werden. Geeignet sind auch Tücher, Scooter-Roller, Sporthocker (vgl. die Stundenverläufe 6, 14 und 23), aber auch Zeitungen, Poolnudeln, Bänke, Federboas u. v. m.

Farben/Bilder/Licht: Im Tanzunterricht kann mit verschiedenen Mottos gearbeitet werden. In Stundenbeispiel 5 wird z. B. Unterricht zum Thema „Farben" beschrieben. Bei einem Motiv wie „Bilder" bietet sich eine Zusammenarbeit mit dem Fach Kunst an. So könnte man sich im Kunstunterricht mit dem Maler Kandinsky beschäftigen und nach seinem Beispiel Bilder malen. Das Bild „Kreise" von ihm bietet vielfältige Umsetzungsmöglichkeiten im Tanzunterricht. Auch mit „Licht" zu arbeiten ist eine Möglichkeit. In diesem Buch findet man eine Stunde mit einem Windlicht und auch mit Taschenlampen kann man schöne Tanzeinheiten gestalten. Allerdings braucht man dazu einen möglichst abdunkelbaren Raum.

Text: Alle Texte können in Bewegungen umgesetzt werden, von Gedichten bis hin zu Märchen oder anderen Geschichten. Hier sind Kooperationen mit dem Fach Deutsch naheliegend. Texte, die dort behandelt werden, werden im Tanzunterricht in Bewegungsdarstellungen transferiert und auch Texte, die in Deutschstunden von den Schülern selbst geschrieben werden, können vertanzt werden. Im Kapitel III wird ein Stundenbeispiel (Stunde 15) zu Haikus, also zu japanischen Kurzgedichten, vorgeschlagen.

Inhaltliche Bewegungsideen: Mit konkreten Inhalten und Handlungszusammenhängen zu arbeiten ist beliebt, gleichzeitig aber schwer. Oft wird von Schülern verlangt, z. B. „traurig“ zu tanzen oder ein Thema wie „Mein Schulalltag“ zu vertanzen. Dies provoziert in der Regel eine realitätsnahe, naive Gestaltung des Themas. Das, was eigentlich in getanzter Darstellung abstrakt aussehen soll, wirkt dann wie ein „Bauerntheater“. Wenn man also bestimmte Inhalte umsetzen möchte, sollte man sich eher Gedanken darüber machen, welche Bewegungen hinter den Themen stehen bzw. was die Schüler damit verbinden. Um bei dem Beispiel „traurig sein“ zu bleiben, wäre zu überlegen, wie sich jemand bewegt, der traurig ist. Der Lehrende könnte z. B. die Aufgabe stellen, sich zu einer ruhigen Musik nur am Boden zu bewegen und dabei den Blick nie zu heben. Bei der tänzerischen Gestaltung eines Schulalltags spielen u. U. Attribute wie Langeweile oder Tagträume eine Rolle. Der Lehrende könnte anregen, dass sich jedes Kind vier „Langeweile-Positionen“ überlegt, diese tänzerisch aneinanderfügt und später zusammen mit anderen Kindern präsentiert. Im Kapitel II finden sich Stundenbeispiele zu Jahreszeiten (Stunden 6–10), in Kapitel III zur Freundschaft (Stunde 16) und zur Steinzeit (Stunden 17–19) und in Kapitel IV zum Wasser (Stunde 24).

4 Erläuterungen zu den Stundenentwürfen

Organisatorische und methodische Hinweise

Bei den nachfolgenden Unterrichtsentwürfen wird von Doppelstunden im Fach Sport ausgegangen. Die Programme sind jeweils auf etwa 60 Minuten ausgelegt, sodass genügend Zeit für eventuelle Vor-/Nachbereitungen und zum Umziehen bleibt. Alle Stunden beinhalten individuelle Gestaltungs-, Gruppen- oder Teamaufgaben, die bei 45-minütigen Sportstunden quantitativ und zeitlich in reduzierter Form durchführbar sind. Z. B. können die beschriebenen Schrittkombinationen bei Bedarf gekürzt werden. Dabei ist darauf zu achten, dass immer nur ganze 8 ZZ gekürzt oder angefügt werden. Bei einem Ablauf mit achtmal 8 ZZ bedeutet das z. B., dass man die letzten beiden Achter wegnimmt, wenn ein zeitliches Problem besteht oder die Kombination in der Länge für die Schüler zu schwer ist. Wo die Abläufe am einfachsten zu kürzen sind, ist markiert. Kristallisiert sich in der Stunde heraus, dass mehr Zeit vorhanden ist, gibt es an einigen Stellen die Möglichkeit, Spiele einzubauen. Auch diese Stellen sind gekennzeichnet. Eine kleine Spielesammlung findet sich in dem Kapitel „Füllmaterial“. Optimal ist es, wenn die Lehrkraft die Spiele passend zum Thema umgestaltet.

Bei den Stundenentwürfen wird von einer normalen Klassenstärke in der Grundschule, also von ca. 25 Kindern, ausgegangen. Die beschriebenen Stunden funktionieren am besten in einer Turn- oder Gymnastikhalle mit einer Musikanlage. In einigen wenigen Stunden wird Material genutzt. Darauf wird in der Spalte „Organisatorische Hinweise“ hingewiesen. Keine der Stunden kommt ohne Musik aus. Die zu den Aufgaben und Abläufen passenden Musiken finden sich ebenfalls in der Spalte „Organisatorische Hinweise“. Zudem sind alle Titel und Interpreten im Anhang „Musikverzeichnis“ aufgelistet. Alle Musikempfehlungen können im öffentlichen Handel erworben werden. Eine andere, sehr praktische Möglichkeit ist es Online-Musikdienste, wie Spotify, zu nutzen. Die benötigten Lieder lassen sich dann einfach herunterladen und in einer Playlist sammeln. In der Sportstunde wird das Smartphone oder Tablet für die entsprechende Klangqualität und Lautstärke mit einer Bluetooth-Box verbunden.

Abgesehen von den „Projekten" (Klasse 1, 2: Jahreszeiten; Klasse 3, 4: Steinzeit), die entsprechend benannt und hintereinander aufgelistet sind, folgen die Stunden keiner festen Reihenfolge. Sie bauen nicht aufeinander auf, sondern sind in beliebiger Abfolge einsetzbar.

Alle Stundenentwürfe folgen einer identischen Aufbaulogik. Sie beginnen immer mit einer Aufwärmphase, die in den Hauptteil übergeht, und enden mit einem Stundenausklang.

Die Aufwärmphase: Die Kinder werden meist spielerisch, manchmal auch theoretisch, in das Thema der Stunde eingeführt. Die Spiele nehmen dabei die Bewegungsideen des Stundenthemas auf und die Schüler werden angeregt, sich über Brainstorming gedanklich dem Thema anzunähern.

Wichtiger Bestandteil der Aufwärmphase ist außerdem die sogenannte „Tanztechnik", bei der ein kurzer gymnastischer Ablauf zur Musik ausgeführt wird. Mit ihr wird die Muskulatur erwärmt und die Beweglichkeit, Kraft, Haltung, Körperwahrnehmung und Musikalität geschult. Der verwendete Ablauf ist einfach und kann bei Unterrichtseinheiten über mehrere Wochen zunächst gekürzt und später erweitert werden. Es besteht auch die Möglichkeit, die Tanztechnik an das Stundenthema anzupassen (vgl. den Stundenentwurf zum Thema „Objekte/Materialien; Gestalten mit dem Scooter-Roller"). Die Aufwärmphase geht fließend in den Hauptteil der Stunde über.

Der Hauptteil: Im Mittelpunkt steht die differenzierte Auseinandersetzung mit dem Thema. In diesem Abschnitt sollen die größten

Lernfortschritte erzielt werden. Die Schüler erwerben hier häufig einen Bewegungsablauf, den sie im weiteren Verlauf des Hauptteils unter bestimmten Bedingungen umgestalten sollen. In diesem Teil findet sich außerdem immer eine Gestaltaufgabe, ob alleine, im Team oder in der Gruppe. Manchmal liegt der Schwerpunkt im Ausprobieren und Experimentieren oder in der Körperwahrnehmung. Dann findet an diesem Punkt eine Improvisation statt. In fast allen Stunden kommen die Schüler zu einem Ergebnis, einem kleinen „Produkt", was entweder am Ende des Hauptteils, oder, besonders wenn daran weitergearbeitet werden soll, im Rahmen des Stundenausklangs gezeigt und reflektiert wird. Wichtig ist, dass nicht nur die Lehrkraft, sondern auch die Schüler mit klaren Kriterien zuschauen und nicht nur „konsumieren". Eine gute Reflexion und konstruktive Kritik will geübt und gelernt sein, sowohl auf Seiten des Senders als auch des Empfängers.

Der Stundenausklang: Die Stunden werden am Ende mit einem gemeinsamen Ausklang abgerundet. In den nachfolgenden Stundenentwürfen werden häufig kleine Entspannungsübungen vorgeschlagen, zum Teil in individueller Form (z. B. Phantasiereisen) oder mit Partnern (z. B. Entspannungs-/Massagespiele). Die Schüler verlassen dann mit einem angenehmen und guten Gefühl die Tanzstunde.

„Füllmaterialien" für 90 Minuten

Spiele

Alle Spiele, die in den Stundenbeispielen zu finden sind, werden hier noch einmal aufgelistet. Es sind verschiedene Bewegungs-, Fang- oder Tanzspiele, die sich – dem Thema der Stunde entsprechend – verändern, anpassen und variieren lassen. Zudem können sie in jede Stunde als „Füllmaterial" eingebaut werden, wenn die Konzentration der Kinder nachlässt oder wenn im Stundenablauf noch zeitliche Freiräume vorhanden sind.

1. *Brückenfangen*
   Zwei Kinder fangen. Wer gefangen ist, stellt sich mit geöffneten Beinen hin und kann befreit werden, indem ein anderes Kind durch die Beine krabbelt.

2. *Laufen – Stopp*
   Durch die Halle laufen, bei Musikstopp einfrieren, bei erneutem Musikeinsatz in eine andere Richtung weiterlaufen.

3. *Saus und Braus*
   Freies Bewegen nach Musik mit zum Thema passenden Bewegungsaufgaben, z. B.
   - „Wie ein Wirbelwind“
   - „Wie ein wild gewordener Affe“
   - „Wie Pferde auf der Koppel“
   - „Wie Blätter im Wind“
   - „Wie ganz verrückte Menschen“
   - „Wie ein Flugzeug“

4. *Stopptanzen*
   Bewegen auf Musik mit verschiedenen Bewegungsaufgaben, z. B.
   - Wie man möchte (Musikstopp)
   - Nur über den Boden (Musikstopp)
   - Die Füße sind auf der Stelle festgeklebt (Musikstopp)
   - Den ganzen Raum erkundend (Musikstopp)
   - Achtung: mit geschlossenen Augen (Musikstopp)
   - usw.

   Bei Musikstopp in letzter Pose erstarren, warten bis die Musik wiederbeginnt und die nächste Aufgabe erfüllen.

5. *Ich packe meinen Koffer (mit Bewegung)*
   Die Schüler stehen im Kreis; ein Kind macht eine einfache Bewegung vor, das nächste Kind imitiert die Bewegung des ersten Kindes und fügt eine eigene hinzu. Das dritte Kind macht zunächst die Bewegung von Kind eins, dann von Kind zwei und fügt auch wieder eine eigene hinzu, usw.

6. *Eisteufel (Fangspiel)*
   Ein Kind ist Fänger; wenn es ein anderes Kind gefangen hat, bleibt dieses wie erstarrt stehen. Es kann befreit werden, indem zwei Schüler es in die Mitte nehmen, sich die Hände geben, zweimal um das erstarrte Kind herumtanzen und dabei „warm, warm, warm“ rufen.

7. *Feuer, Wasser, Luft*
   Bewegen nach Musik, bei Musikstopp gehen die Kinder zu zweit zusammen und die Lehrkraft ruft „Feuer“, „Wasser“ oder „Luft“. Die Kinder bilden bei
   - „Feuer“: z. B. ein Dreieck (wie die Form des Feuers)
   - „Wasser“: z. B. eine Linie (wie die Form einer Brücke)
   - „Luft“: z. B. einen Kreis (wie die Form des Mundes beim Pusten)

   Möglichst viele verschiedene Lösungen finden.

8. *Indianer*
Es formieren sich Gruppen aus vier bis sechs Kindern, die eine Schlange bilden: Das vordere Kind gibt einen Raumweg vor, die anderen folgen, ohne vom Weg abzuweichen. Auf Signal erfolgt ein Wechsel der Führungsperson. Achtung: Jede Gruppe sollte einmal überall in der Halle gewesen sein und die Gruppen dürfen sich nicht gegenseitig behindern.

9. *Symboltanz*
Bewegen zu Musik. Bei Musikstopp werden Zettel mit unterschiedlichen Symbolen hochgehalten (z. B. Linie, Dreieck, 4 Punkte, T, Blitz, usw.) und es wird eine Zahl gerufen:
   - Zusammenfinden der Kinder entsprechend der Zahl und entsprechend der Zeichnung
   - Erweiterung des Spiels durch Bewegungsaufgaben, die zu der Musik ausgeführt werden:
     - „Bewege dich, ohne die Arme zu benutzen"
     - „Mache nur ganz große Bewegungen"
     - „Der Kopf führt die Bewegung an"
     - „Beide Hände und Füße müssen mit dem Boden in Kontakt sein"
     - usw.

10. *Atomspiel*
Bewegen zu Musik, bei Musikstopp:
   - Rufen einer Zahl, zu der die Kinder sich zusammenfinden müssen
   - Benennen von verschiedenen Körperteilen, die den Boden berühren müssen
   - Es muss Körperkontakt bestehen

   Abbau von Berührungsängsten, verschiedene Lösungen sind möglich; besonders schöne Ideen werden herausgesucht und vor- und nachgemacht.

11. *Schattenlaufen (zu zweit)*
Zwei Kinder bewegen sich hintereinander: Das vordere Kind gibt die Bewegung vor, das hintere kopiert wie ein Schatten. Auf Signal: Wechsel der Rollen.

12. *Zeit in Motion*
Gehen durch die Halle in eigenem Tempo. Gemeinsame Temposteigerung vom langsamen Laufen über ein zügiges Tempo bis hin zum Sprinten kleinerer Strecken. Anschließend das Tempo wieder drosseln bis zum langsamen Laufen, schnellen Gehen,

normalen Gehen und immer, immer langsamer werden bis hin zu dem Versuch, in Zeitlupe zu gehen; Musikeinsatz.

13. *Ochseinberger 1, 2, 3*
    Die Kinder stehen auf der einen Hallenseite, ein Kind auf der anderen mit Blick zur Wand. Das Kind ruft: „Ochseinberger 1, 2, 3," und dreht sich danach schnell um. Die anderen Kinder bewegen sich so zügig wie möglich auf das einzelne Kind zu und bleiben sofort gespannt und regungslos stehen, wenn sich das Kind umdreht. Dieses darf alle Kinder, die sich noch bewegen oder wackeln, zurück an ihre Hallenseite schicken. Ziel ist es, auf die andere Seite der Halle zu kommen. Wer das schafft, darf als nächstes der „Ochseinberger" sein.

14. *Fischer, Fischer, wie tief ist das Wasser*
    Die Schüler stehen auf der einen Hallenseite, ein Kind auf der anderen. Die Schüler rufen: „Fischer, Fischer, wie tief ist das Wasser?" Der Fischer antwortet mit einer von ihm ausgesuchten Wassertiefe. Die Schüler rufen: „Und wie kommen wir rüber?" Der Fischer überlegt sich eine Bewegungsart, eventuell thematisch passend.

II

Stundenentwürfe für die Klassen 1 und 2

Stundenabschnitte und Unterrichtsinhalte	Organisatorische Hinweise

Aufwärmphase

1 **Brückenfangen**

Zwei Kinder fangen.

Wer gefangen ist, stellt sich mit geöffneten Beinen hin und kann befreit werden, indem ein anderes Kind durch die Beine krabbelt.

2 **Tanztechnik**

- Paralleler, schulterbreiter Stand
- Aufrechte und „offene" Körperhaltung
- Mit dem Kopf beginnend den Oberkörper abrollen, die Arme hängen locker und entspannt nach unten, die Beine sind gestreckt
- Am tiefstmöglichen Punkt die Beine beugen, Kopf und Arme hängen ganz entspannt
- Beine wieder strecken
- Wirbel für Wirbel bis zum Aufrichten des Kopfes aufrollen
- Hände und Arme am Körper entlang nach oben bringen, dabei in den Hochzehenstand gehen
- Position einen Moment halten
- Arme gestreckt über die Seite nach unten bringen, Gewicht wieder auf den ganzen Fuß verteilen

Ablauf mehrere Male wiederholen.

Musik: „Liebe in Nairobi" (Niki Reiser)

Stundenabschnitte und Unterrichtsinhalte	Organisatorische Hinweise

Hauptphase

3 **Laufen auf Musik**

Zusammenkommen und die Musik anhören: dazu klatschen.

Später: Im Tempo der Musik durch die Halle laufen.

Variationen
- „Wie läuft man rückwärts?“
- „Wie läuft man seitwärts?“

Musik: „Happy“ (Pharrell Williams)

4 **Von einer Hallenseite zur anderen**

Immer 4 Kinder nebeneinander, evtl. mit Handfassung:
- 4 ZZ vorwärts laufen
- 4 ZZ auf der Stelle laufen
- usw.

Musik: „Happy“ (Pharrell Williams)

5 Kreistanz

- 4 ZZ vorwärts laufen
- 4 ZZ auf der Stelle laufen
- 4 ZZ rückwärts laufen
- 4 ZZ auf der Stelle laufen
- 4 ZZ nach rechts laufen
- 4 ZZ auf der Stelle laufen
- 4 ZZ nach links laufen
- 4 ZZ auf der Stelle laufen

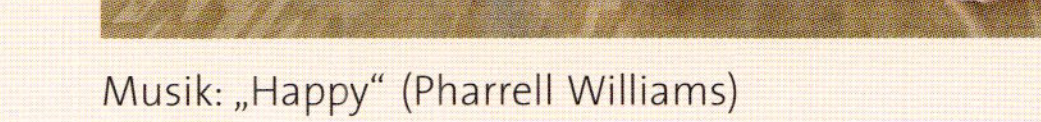

Musik: „Happy“ (Pharrell Williams)

6 Heute laufe ich wie ...

Die Schüler laufen durch den Raum.

Die Lehrkraft gibt Bewegungs- und Spielaufgaben:

- „Laufen wie jemand, der ganz müde ist“
- „Laufen wie jemand, der ganz schnell irgendwo ankommen möchte“
- „Laufen wie jemand, der ganz schwer ist“
- „Laufen wie jemand, dem die Arme am Körper kleben“
- „Laufen wie jemand, der ganz hohe Schuhe anhat“
- „Laufen wie jemand, der federnde Beine hat“
- „Laufen wie jemand, der nicht geradeaus laufen kann“
- „Laufen wie Hugo, Anneliese und Fritz“
- usw.

Musik: „Happy“ (Pharrell Williams)

Stundenabschnitte und Unterrichtsinhalte	Organisatorische Hinweise
7 Gestaltungsaufgabe Die Schüler finden ihren „eigenen Lauf“. Dabei wird ein eigener, ganz persönlicher Laufstil kreiert.	Musik: „Happy“ (Pharrell Williams)
8 Zwischenpräsentation Die Hälfte der Schüler sitzen verteilt in der Halle. Die anderen laufen in „ihrem Lauf“ durch die Halle. Auf Signal der Lehrkraft die Rollen wechseln. Möglichkeit zu kürzen: Weglassen.	Musik: „Happy“ (Pharrell Williams)
9 Abschlusstanz • 2-mal Kreistanz • Eigener Lauf durcheinander • Auf Signal der Lehrkraft wieder im Kreis zusammenfinden • 2-mal Kreistanz • Eigener Lauf durcheinander • usw. Möglichkeit zu verlängern: Zwei Gruppen bilden; eine Gruppe schaut zu, die andere tanzt.	Musik: „Happy“ (Pharrell Williams)

Stundenausklang

10 **Entspannung**

Zu zweit.

Ein Kind legt sich auf den Bauch, ein anderes klopft den Körper ab und streicht ihn abschließend aus.

Wechsel.

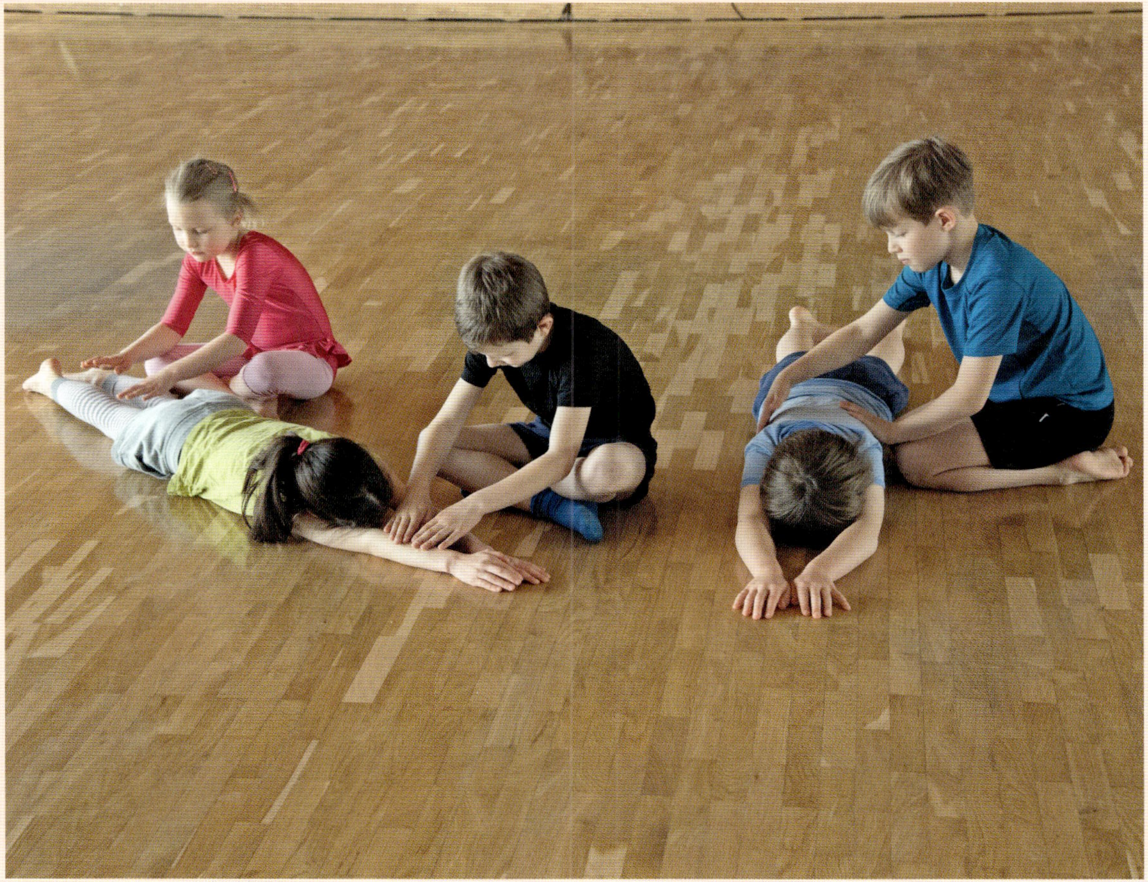

Stunde 2: *Metrik, Takt, Rhythmus*

	Stundenabschnitte und Unterrichtsinhalte	Organisatorische Hinweise
	Aufwärmphase	
1	**Mein Metrum** • Alle Kinder gehen in ihrem Tempo durch die Halle • Die Lehrkraft ruft den Namen eines Kindes, an dessen Tempo sich alle anpassen sollen • Auf Signal gehen alle Kinder wieder in ihrem eigenen Tempo • Die Lehrkraft ruft ein anderes Kind beim Namen • Die anderen passen sich wieder an • usw.	
2	**Wer hört das Metrum?** Die Schüler versuchen das Metrum einer Musik zu hören und darauf zu gehen. Später immer auf die betonte 1 einen Richtungswechsel gehen (1, 2, 3, 4, 1, usw.).	Musik immer 20 Sekunden, z. B.: • „Hausaufgaben“ (Deine Freunde) • „Unter meinem Bett“ (Nils Koppruch) • „Mädchen auf dem Pferd“ (aus dem Film: Bibi und Tina 1) • „Was würdest du tun“ (aus dem Film: Bibi und Tina 4) • „Wunder“ (aus dem Film: Bibi und Tina 4) • „Schokolade“ (Deine Freunde)
3	**Tanztechnik** • Paralleler, schulterbreiter Stand • Aufrechte und „offene“ Körperhaltung • Mit dem Kopf beginnend den Oberkörper abrollen, die Arme hängen locker und entspannt nach unten, die Beine sind gestreckt • Am tiefstmöglichen Punkt die Beine beugen, Kopf und Arme hängen ganz entspannt • Beine wieder strecken • Wirbel für Wirbel bis zum Aufrichten des Kopfes aufrollen • Hände und Arme am Körper entlang nach oben bringen, dabei in den Hochzehenstand gehen • Position einen Moment halten • Arme gestreckt über die Seite nach unten bringen, Gewicht wieder auf den ganzen Fuß verteilen Ablauf mehrere Male wiederholen.	Musik: „Liebe in Nairobi“ (Niki Reiser)

Stundenabschnitte und Unterrichtsinhalte	Organisatorische Hinweise
Hauptphase	

4 **Bodypercussion**

Alle stehen im Kreis.

Die Lehrkraft klopft einfache Rhythmen an verschiedenen Teilen des Körpers, Schüler klopfen nach:

- Lang-lang-kurz-kurz-kurz
  (Hände-Hände-Oberschenkel-Oberschenkel-Oberschenkel)

- Kurz-kurz-kurz-kurz-kurz-kurz-lang
  (6-mal Oberarm, Brust)

- Lang-lang-kurz-kurz-lang
  (Fuß-Fuß-Fuß-Fuß-Schnips)

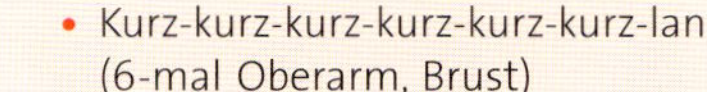

Stundenabschnitte und Unterrichtsinhalte		Organisatorische Hinweise
	• Lang-lang-lang-kurz-kurz 3-mal Oberschenkel, 2-mal mit beiden Füßen springen)	
5	**Stationssamba** Die Schüler durchlaufen in Kleingruppen Stationen, an denen sie mit verschiedenen Rhythmusinstrumenten verschiedene Rhythmen probieren: Station 1: Eggshaker; kurz-kurz-kurz-kurz Station 2: Klanghölzer; lang-lang-kurz-kurz-lang-lang-kurz-kurz Station 3: Langbank; kurz-kurz-kurz-kurz-lang Station 4: Rassel; lang-kurz-lang-kurz-lang	Material: Stationskarten und Instrumente 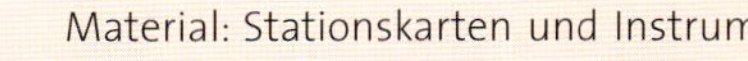
6	**Sambacombo** Die Schüler bleiben an der letzten Station, die Lehrkraft fungiert als Dirigent. Alle spielen gemeinsam. Dirigent darf Pausen anzeigen und das Ende setzen. Später auch noch leise und laut, evtl. noch einzelne Stationen alleine spielen lassen. Möglichkeit zu verlängern: Einzelne Kinder werden zum Dirigenten.	

7 Der Rhythmus

Die Schüler gehen wieder an ihre Station und überlegen sich eine Bewegung, die zu dem Rhythmus passt.

Nach einigem Üben werden die Abläufe den anderen präsentiert und gemeinsam besprochen.

8 Demo und Imitation

Die Gruppen präsentieren ihre Bewegungen.

Die anderen Schüler spielen mit ihrem Instrument den Rhythmus der Gruppe.

Später lernen die anderen Schüler die Bewegungen.

Möglichkeit zu kürzen:
Weglassen des Lernens der Bewegungen der anderen.

Stundenabschnitte und Unterrichtsinhalte	Organisatorische Hinweise

Möglichkeit zu kürzen: Weglassen (wenn die letzte Aufgabe von 8 nicht gemacht wurde, MUSS 9 weggelassen werden).

9 Aus 1 mach 2

Aus jeder Kleingruppe werden je zwei.
Die eine geht auf die eine Hallenseite, die andere auf die andere, nun sind auf jeder Hallenseite Kinder aus jeder Kleingruppe.

Die eine Seite ist die Musikseite.
Die Kinder bekommen wieder das Instrument ihrer Station und spielen den entsprechenden Rhythmus.

Die andere Seite ist die Bewegungsseite.
Die Kinder tanzen die eben erlernten Bewegungen, dabei ist ihnen freigestellt, ob und in welcher Reihenfolge, oder ob sie nur eine oder zwei Lieblingsbewegungen tanzen möchten.

Die Lehrkraft dirigiert den gemeinsamen Beginn, laut und leise und das gemeinsame Ende.

Später werden die Gruppen getauscht.

Stundenausklang

10 Stille Rhythmuspost

Gruppen mit 4–5 Kindern setzen sich in eine Reihe.

Das hinterste Kind klopft einen Rhythmus auf den Rücken des Kindes, welches vor ihm sitzt.

Dieses Kind klopft nach vorne weiter, was es gefühlt hat, bis das erste Kind in der Reihe den Rhythmus laut auf den Boden klopft.

Das hinten sitzende Kind setzt sich nach vorne, usw.

Stunde 3: *Gestaltungskriterium Raum*

	Stundenabschnitte und Unterrichtsinhalte	Organisatorische Hinweise
	Aufwärmphase	
1	**Durch den Raum: Bewegen auf Musik** • „Keine freien Flächen in der Halle“ • „Ganz eng knubbeln“ • „Ganz an den Rand“ • „Zu zweit, zu dritt, zu fünft, usw.“ • „Vorwärts, rückwärts, seitwärts“ • „Kurvig, gerade“ • „Einen Kreis“ • „Ein Dreieck“ • „Über den Boden“	Musik: „Superjunge“ (Kai Lüftner)
2	**Feuer, Wasser, Luft** Bewegen auf Musik. Bei Musikstopp gehen die Kinder zu dritt zusammen und die Lehrkraft ruft „Feuer“, „Wasser“ oder „Luft“. Die Kinder bilden bei • „Feuer“: ein Dreieck (wie die Form des Feuers) • „Wasser“: eine Linie (wie die Form einer Brücke) • „Luft“: einen Kreis (wie die Form des Mundes beim Pusten) Möglichst viele verschiedene Lösungen finden.	   Musik: „Superjunge“ (Kai Lüftner)

Stundenabschnitte und Unterrichtsinhalte	Organisatorische Hinweise
Möglichkeit zu verlängern:	
Tanztechnik • Paralleler, schulterbreiter Stand • Aufrechte und „offene“ Körperhaltung • Mit dem Kopf beginnend den Oberkörper abrollen, die Arme hängen locker und entspannt nach unten, die Beine sind gestreckt • Am tiefstmöglichen Punkt die Beine beugen, Kopf und Arme hängen ganz entspannt • Beine wieder strecken • Wirbel für Wirbel bis zum Aufrichten des Kopfes aufrollen • Hände und Arme am Körper entlang nach oben bringen, dabei in den Hochzehenstand gehen • Position einen Moment halten • Arme gestreckt über die Seite nach unten bringen, Gewicht wieder auf den ganzen Fuß verteilen Ablauf mehrere Male wiederholen.	Musik: „Liebe in Nairobi“ (Niki Reiser)

Hauptphase

3 **Indianer**

Es werden Gruppen aus 4–6 Kindern gebildet, die eine Schlange bilden.

Das vordere Kind gibt einen Raumweg vor, die anderen folgen, ohne vom Weg abzuweichen.

Auf Signal: Wechsel der Führungsperson.

Achtung: Jede Gruppe sollte überall in der Halle einmal gewesen sein und die Gruppen dürfen sich nicht in die Quere kommen.

Stundenabschnitte und Unterrichtsinhalte	Organisatorische Hinweise
4 Bodenmuster Zu zweit ein Bodenmuster aus kurvigen und geraden Raumwegen überlegen. Das Muster sollte nicht zu lang, den Kinder ganz klar und wiederholbar sein. Ein mehrmaliges Ausprobieren und Üben ist hier notwendig. Die Paare malen ihre gefundenen Muster auf. Später führen die Paare den anderen Kindern ihre „Bodenmuster“ vor. Die Zuschauenden malen das, was sie sehen, auf die vor ihnen liegenden Blätter und die Muster werden verglichen. Möglichkeit zu kürzen: Weglassen	 Material: DIN-A3-Blätter, Wachsmalstifte
5 Gestaltungsaufgabe Zwei Paare gehen zusammen und kreieren aus ihren Mustern einen Ablauf. Fragen, die die Lehrkraft dabei stellen kann: • „Welches Muster kommt zuerst?“ • „Wie kann ich mich auf dem Weg bewegen? Muss ich gehen?“ • „Oder gibt es andere Möglichkeiten? Wenn ja, welche?“ • „Kann ich den Ablauf auf Musik machen?“ • „Schafft die Gruppe es, synchron zu sein?“ Bei dieser Arbeit braucht die Gruppe Zeit und immer wieder die Unterstützung der Lehrkraft.	 Musik: „Les enfants“ (Yann Tiersen)

Stundenabschnitte und Unterrichtsinhalte	Organisatorische Hinweise
Möglichkeit zu kürzen: Weglassen (wenn 5 nicht gemacht wurde, MUSS 6 weggelassen werden).	
6 Gruppenpräsentation	
Nach einigem Üben werden die Abläufe den anderen präsentiert und gemeinsam besprochen.	Musik: „Les enfants“ (Yann Tiersen)
Stundenausklang	
7 Entspannung	
Die gemalten Bodenmuster werden in der Halle verteilt.	Musik: „Alone in Kyoto“, „Air“ oder „Weit weg von hier“ (Djingalla)
Zu zweit: Ein Kind malt Muster seiner Wahl auf den Rücken des anderen.	
Später Rollentausch.	

Stunde 4: *Gestaltungskriterium Dynamik*

	Stundenabschnitte und Unterrichtsinhalte	Organisatorische Hinweise
	Aufwärmphase	
1	**Matschmonster** Umsetzung des Texts vom allmorgendlichen Aufstehen des Matschmonsters: *„Es war einmal ein Matschmonster; das lag auf dem Boden, bedeckt von gaaaanz viel Matsch. Auf seinen Füßen lag Matsch, auf seinen Beinen, auf seinem Bauch, seiner Brust, seine Arme waren bedeckt von Matsch, seine Hände, seine Finger und sogar … sein Kopf. Der Matsch war schwer. Das Monster konnte sich überhaupt nicht regen. Eines Tages hatte das Matschmonster keine Lust mehr unter dem Matsch zu liegen… Es wollte aufstehen, sich bewegen können. Langsam, ganz langsam versuchte das Monster sich von dem Matsch zu befreien. Wo fängt man an, wenn man unter Tonnen von Matsch begraben ist? An den Füßen, den Beinen …? Oder an den Fingern? Ist es vielleicht der Arm, der sich als erstes vom Boden löst …? Oder gar der Bauch …? Es ist schwer … Sehr schwer … Aber das Matschmonster schafft es.… Es regt sich, es bewegt sich, es befreit sich, langsam, mit viel Anstrengung, mit viel Kraft und viel Mühe … Kommt es langsam in den Stand.“*	Musik: „Gone“ (Kruder und Dorfmeister)
2	**„Saus und Braus“** Freies Bewegen auf schnelle Musik mit folgenden Bewegungsaufgaben: • „Wie ein Wirbelwind“ • „Wie ein wild gewordener Affe“ • „Wie Pferde auf der Koppel“ • „Wie Blätter im Wind“ • „Wie ganz verrückte Menschen“ • „Wie ein Flugzeug“	Musik: „Ansgars Turbo“ (Ensemble Rossi)

Stundenabschnitte und Unterrichtsinhalte	Organisatorische Hinweise

Hauptphase

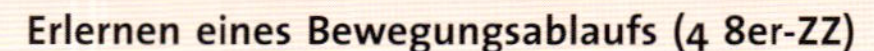

3 **Erlernen eines Bewegungsablaufs (4 8er-ZZ)**

Ausgangsposition: Hockstellung, Füße geschlossen, Hände aufgesetzt.

- ZZ 1–4: In den Stand aufrichten, dabei Arme in die Waagerechte mitnehmen
- ZZ 5–8: Langsam nach vorne laufen
- ZZ 1–4: Langsam nach hinten laufen
- ZZ 5–8: Einen Kreis um die rechte Schulter laufen
- ZZ 1–4: Einen Kreis um die linke Schulter laufen
- ZZ 5–8: Eine große Rechtskurve laufen
- ZZ 1–4: Eine große Linkskurve laufen
- ZZ 5–8: Wieder in die Ausgangsposition gehen

Von vorne beginnen.

Musik: „Freche Farben“ (Ensemble Rossi)

Stundenabschnitte und Unterrichtsinhalte	Organisatorische Hinweise
4 Zu zweit zusammengehen. Paarweise auf Zuruf mit folgendem Ablauf experimentieren: • Aufstellung im Raum (nebeneinander, hintereinander, gegenüber, usw.) • Verschiedene Einsätze (Partner A beginnt, Partner B setzt später ein, usw.) • Mit der Bewegungsform spielen (Arme, Fußaufsätze, usw.) • Anderer Krafteinsatz (stampfen, angespannt/total schlaff/ganz leicht sein, usw.)	   
5 Neue (langsame/leichte) Musik vorspielen. Frage: „An was erinnert euch die Musik?“ (z. B. Segelflugzeug, großer Vogel, usw.)	Musik: „Travel“ (Bandaloop)
6 Ausführen des Bewegungsablaufs mit der neuen Musik. ***Achtung:*** Anstelle des langsamen Laufens wird nun gegangen. Üben und in 2 Gruppen präsentieren.	Musik: „Travel“ (Bandalopp)

Stundenabschnitte und Unterrichtsinhalte	Organisatorische Hinweise
Möglichkeit zu kürzen: Weglassen	
7 Abschlussimprovisation Alle gemeinsam zur langsamen Musik tanzen und später alleine „weiterfliegen“. Sich passend auf Musik bewegen, evtl. mit altem Partner oder neuen finden. Am Ende der Musik Platz zum Landen finden. Möglichkeit zu verlängern: Zwei Gruppen bilden, eine schaut zu, die andere tanzt.	Musik: „Travel“ (Bandalopp)

Stundenausklang

Stundenabschnitte und Unterrichtsinhalte	Organisatorische Hinweise
8 Entspannung Zu zweit: „Ich backe eine Pizza“.	

Stunde 5: *Farben*

Stundenabschnitte und Unterrichtsinhalte	Organisatorische Hinweise
Aufwärmphase	
1 Tanztechnik	
• Paralleler, schulterbreiter Stand • Aufrechte und „offene“ Körperhaltung • Mit dem Kopf beginnend den Oberkörper abrollen, die Arme hängen locker und entspannt nach unten, die Beine sind gestreckt • Am tiefstmöglichen Punkt Beine beugen, Kopf und Arme hängen ganz entspannt • Beine wieder strecken • Wirbel für Wirbel bis zum Aufrichten des Kopfes aufrollen • Hände und Arme am Körper entlang nach oben bringen, dabei in den Hochzehenstand gehen • Position einen Moment halten • Arme gestreckt über die Seite nach unten bringen, Gewicht wieder auf den ganzen Fuß verteilen Ablauf mehrere Male wiederholen.	Musik: „Liebe in Nairobi“ (Niki Reiser)
2 „Saus und Braus“	
Freies Bewegen auf schnelle Musik mit folgenden Bewegungsaufgaben:	Musik: „Du bist aber groß geworden“ (Deine Freunde)
• „Kreuz und quer“ • „Sehr laut“ • „Leicht wie eine Feder“ • „Über den Boden“ • „Hart und steif“ • „Wie Gummi“ • „Ganz weit“ Bei Musikstopp laufen die Kinder zu einem der farbigen Plakate und malen oder schreiben, was sie mit der Farbe verbinden (Gefühle, Dinge, Bewegungen, usw.).	Plakate in rot, gelb, grün und blau, Stifte

Stundenabschnitte und Unterrichtsinhalte	Organisatorische Hinweise

Hauptphase

3 Gemeinsames Anschauen der Plakate, Überlegen und Ausprobieren

Mit den Kindern zu den verschiedenen Plakaten gehen:

- Was steht drauf?
- Wie könnte das in Bewegung umgesetzt werden?
- Einzelne Begriffe rausnehmen und ausprobieren:

Z. B. gelbes Plakat	Begriff: fröhlich Bewegung: leichtes Hüpfen
Z. B. rotes Plakat	Begriff: Wut Bewegung: stampfen
Z. B. blaues Plakat	Begriff: Wasser Bewegung: Wellenbewegungen
Z. B. grünes Plakat	Begriff: Pflanzen Bewegung: vom Boden in den Stand

4 „Buntes Saus und Braus“

Freies Bewegen nach schneller Musik mit folgenden Aufgaben:

- Gelb (als Anregung dienen die Begriffe auf den Plakaten)
- Rot (siehe oben)
- Blau (siehe oben)
- Grün (siehe oben)

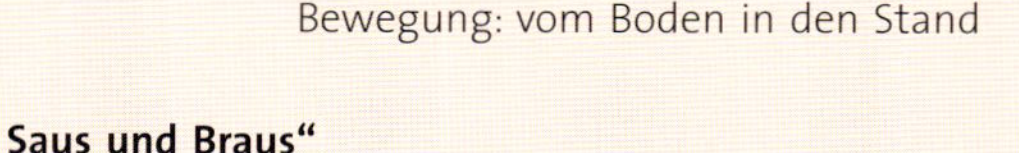

Musik: „Dragons“ (Caravan Palace)

Stundenabschnitte und Unterrichtsinhalte	Organisatorische Hinweise

5 Erlernen eines neutralen, weißen Bewegungsablaufs

- ZZ 1–4: 4 Schritte nach vorne
- ZZ 5–8: 4 Schritte nach hinten
- ZZ 1–8: 4-mal unbelasteter Schritt zur Seite, rechts und links im Wechsel

Möglichkeit zu kürzen: Rest des Ablaufes weglassen.

- ZZ 1–4: Kreis um die rechte Schulter gehen
- ZZ 5–8: Kreis um die linke Schulter gehen
- ZZ 1–4: In die Hocke gehen
- ZZ 5–8: Wieder hochkommen

Zunächst mehrmals ohne, später mit Musik.

Achtung: Üben bis alle den Ablauf können!

Möglichkeit zu verlängern:
2-mal tanzen lassen, auch bei der Gestaltung.

Musik: „Eple“ (Röyksopp)

6 Gestaltungsaufgabe

Es werden Gruppen mit 4–6 Kindern gebildet.

- Jede Gruppe zieht ein Kärtchen, auf dem eine Farbe steht
- Der weiße Ablauf wird nun von der Gruppe „angemalt“, also mit den farblich passenden Bewegungen umgestaltet

Musik: „Eple“ (Röyksopp)

	Stundenabschnitte und Unterrichtsinhalte	Organisatorische Hinweise
7	**Präsentation der Kleingruppen** • Alle schauen zu, während eine Gruppe präsentiert • Zuschauende Kinder erraten, welche Farbe getanzt wird Möglichkeit zu kürzen: Weglassen	Musik: „Eple“ (Röyksopp)
8	**Gesamte Präsentation** • Alle Gruppen stehen verteilt im Raum • Gemeinsames Tanzen des neutralen weißen Ablaufs • Danach tanzen alle ihren Farbenablauf, dadurch entsteht ein buntes Bild *Variation* Wenn der Ablauf bei allen sicher genug ist: • Alle Kinder stehen verteilt im Raum (nicht in ihrer Gruppe) • Gemeinsames Tanzen des neutralen weißen Ablaufs • Tanzen des Farbenablaufs, jedes Kind an der Position, an der es steht	Musik: „Eple“ (Röyksopp)
	Stundenausklang	
9	Die Kinder liegen im Raum verteilt, die Lehrkraft liest eine Farbengeschichte vor, z. B. „Das kleine Blau“ oder „Die Königin der Farben“ ...	

Stunde 6: *Jahreszeit Frühling (Material: Tücher)*

Stundenabschnitte und Unterrichtsinhalte	Organisatorische Hinweise
Aufwärmphase	
1 Stopptanzen Bewegen auf Musik mit verschiedenen Bewegungsaufgaben. • „Wie man möchte (Musikstopp)“ • „Nur über den Boden (Musikstopp)“ • „Die Füße sind auf der Stelle festgeklebt (Musikstopp)“ • „Den ganzen Raum erkundend (Musikstopp)“ • ***„Achtung:*** Mit geschlossenen Augen (Musikstopp)“ • usw. Bei Musikstopp in letzter Pose erstarren, warten bis die Musik wieder beginnt und die nächste Aufgabe erfüllen.	  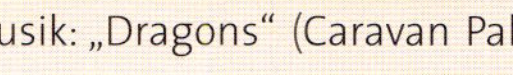 Musik: „Dragons“ (Caravan Palace)
2 Tanztechnik • Paralleler, schulterbreiter Stand • Aufrechte und „offene“ Körperhaltung • Mit dem Kopf beginnend den Oberkörper abrollen, die Arme hängen locker und entspannt nach unten, die Beine sind gestreckt • Am tiefstmöglichen Punkt Beine beugen, Kopf und Arme hängen ganz entspannt • Beine wieder strecken • Wirbel für Wirbel bis zum Aufrichten des Kopfes aufrollen • Hände und Arme am Körper entlang nach oben bringen, dabei in den Hochzehenstand gehen • Position einen Moment halten • Arme gestreckt über die Seite nach unten bringen, Gewicht wieder auf den ganzen Fuß verteilen Ablauf mehrere Male wiederholen.	Musik: „Liebe in Nairobi“ (Niki Reiser)

Stundenabschnitte und Unterrichtsinhalte	Organisatorische Hinweise
3 **Einstieg ins Thema „Frühling“** Ideen sammeln und aufschreiben: • Erste Sonnenstrahlen • Blumen • Vögel zwitschern • Blätter • usw.	
Hauptphase	
4 **„Blume“** Alle Kinder liegen auf dem Boden und setzen die Bewegungsgeschichte, die erzählt wird, um. • Vorstellen: man ist ein kleines Samenkorn in der Erde • Gärtner (Lehrkraft) kommt an jedem Kind vorbei und gießt • Ganz langsam fängt die Blume an zu wachsen: – „Zuerst bewegen sich die Finger, die Hände, dann die Arme“ – „Was machen die Füße, usw.?“ – „Wie kann das Bein wachsen, ohne den Rest des Körpers?“ – „Kann auch der Po wachsen?“ • Langsam wächst die Blume in den Stand • „Wie sieht die Blume aus? Eher rund, eher groß, zeigen beide Arme nach oben?“ usw. • Ein leichter Wind kommt; „wie bewegt sich die Blume?“ • Der Wind wird stärker; „wie bewegt sich die Blume jetzt?“ • Langsam weht der Wind die Wolken weg; die Sonne kommt wieder … • Es wird Abend; die Blume wird müde … • Macht sich klein und freut sich auf den nächsten Tag … Möglichkeit zu verlängern: Zwei Gruppen bilden, eine Gruppe schaut zu, die andere tanzt.	 Musik: „Living in the country“ (***Achtung:*** $^3/_4$-Takt) (George Winston)

Möglichkeit zu kürzen: Weglassen.

5 Einzelaufgabe

Die Schüler bekommen ein Blatt Papier und suchen sich einen Platz in der Halle.

- Kinder malen ihre Blume
- „Welche Farbe?" „Welche Form?"
- Präsentation der Blumen im Kreis

6 Material: Tuch

Die Lehrkraft legt Tücher vor sich, gemeinsam überlegen:

- Welche Eigenschaften hat das Tuch:
  - leicht
  - kann schweben
  - man kann durchschauen
- Welches Tuch passt zu welcher Blume?
- Verteilen der Tücher

7 Bewegen mit dem Tuch

Kinder bewegen sich zu Musik mit dem Tuch.

- Auf der Stelle; „was kann ich mit dem Tuch machen?"
- „Das Tuch schwingen, kleine Kreise, Schlangen und Spiralen in die Luft malen?"
- Im Raum: „was passiert mit dem Tuch?" „Wenn ich schneller laufe, mich drehe, ganz langsam bewege?"
- „Kann ich das Tuch werfen, fangen?"
- „Kann ich es mit dem Kopf, den Armen, dem Knie, den Füßen, usw. balancieren?"
- „Kann ich es pustend in der Luft halten?"
- „Kann ich es mit einem anderen Kind hin und her werfen?"
- usw.

Möglichkeit in Länge zu variieren durch mehr oder weniger Aufgaben.

Musik: „Living in the country" (***Achtung:*** $^3/_4$-Takt) (George Winston)

Stundenabschnitte und Unterrichtsinhalte	Organisatorische Hinweise

8 **Erlernen eines kurzen Bewegungsablaufs**

(wegen des 3/4-Takts zählen wir bis 6)

Zunächst ohne Tuch:

- 2-mal 6 ZZ hochkommen
- 3 ZZ Gewichtsverlagerung nach rechts, Oberkörper geht leicht mit
- 3 ZZ Gewichtsverlagerung nach links, Oberkörper geht leicht mit
- 3 ZZ Gewichtsverlagerung nach rechts, Oberkörper geht leicht mit
- 3 ZZ Gewichtsverlagerung nach links, Oberkörper geht leicht mit
- 6 ZZ Seitgalopp nach rechts, Arme kreisen dabei vor dem Körper einmal nach links, Gewichtsverlagerung nach rechts
- 6 ZZ Seitgalopp nach links, Arme kreisen dabei vor dem Körper nach rechts, Gewichtsverlagerung nach links
- 6 ZZ drehen um die rechte Schulter
- 6 ZZ drehen um die linke Schulter
- 6 ZZ nach vorne gehen, Oberkörper und Arme gehen von unten nach oben mit
- 6 ZZ nach hinten gehen, Oberkörper und Arme gehen von oben nach unten mit
- 2-mal 6 ZZ nach unten gehen, dabei die Arme nach vorne kreisen
- Kurze Pause, mit der Musik Beginn von vorne

Musik: „Living in the country" (***Achtung:*** 3/4-Takt) (George Winston)

Stundenabschnitte und Unterrichtsinhalte	Organisatorische Hinweise

9 **Gestaltungsaufgabe**

Jedes Kind bekommt zwei Tücher.

- Was machen die Tücher während des Ablaufs?
- Einigen und Festlegen
- Präsentieren

Möglichkeit zu kürzen:
Tücher werden von vornherein von der Lehrkraft eingebaut.

Stundenausklang

10 **Hinlegen**

Tücher dürfen über das Gesicht gelegt werden.

Kurze Phantasiereise mit Ideen zum Frühling.

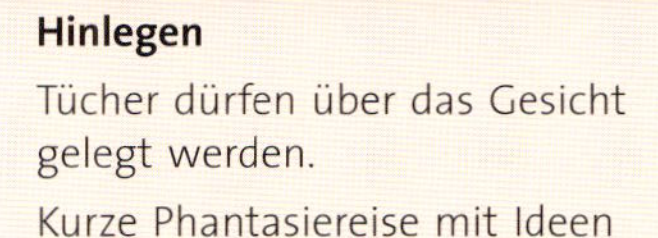

Stunde 7: *Jahreszeit Sommer (Eismaschine/Transportieren)*

Stundenabschnitte und Unterrichtsinhalte	Organisatorische Hinweise
Aufwärmphase	
1 **Ich packe meinen Koffer (mit Bewegung)** Schüler stehen im Kreis. Ein Kind macht eine einfache Bewegung vor, das nächste Kind macht die Bewegung des ersten Kindes nach und hängt eine eigene dran, das dritte Kind macht zunächst die Bewegung von Kind eins, dann von Kind zwei und hängt auch wieder eine eigene dran, usw.	
2 **Tanztechnik** • Paralleler, schulterbreiter Stand • Aufrechte und „offene“ Körperhaltung • Mit dem Kopf beginnend den Oberkörper abrollen, die Arme hängen locker und entspannt nach unten, die Beine sind gestreckt • Am tiefstmöglichen Punkt Beine beugen, Kopf und Arme hängen ganz entspannt • Beine wieder strecken • Wirbel für Wirbel bis zum Aufrichten des Kopfes aufrollen • Hände und Arme am Körper entlang nach oben bringen, dabei in den Hochzehenstand gehen • Position einen Moment halten • Arme gestreckt über die Seite nach unten bringen, Gewicht wieder auf den ganzen Fuß verteilen Ablauf mehrere Male wiederholen.	Musik: „Liebe in Nairobi“ (Niki Reiser)

Hauptphase

3 **Mensch transportieren**

Zu zweit:
- Zwei Kinder stellen sich Rücken an Rücken
- Arme ineinander haken
- Einer beugt sich vor, so dass der andere auf den Rücken gezogen wird
- Wechsel der Positionen

Zu fünft:
- Ein Kind stellt sich ganz gespannt in eine Position (Statue)
- Die anderen fassen möglichst nah am Körperschwerpunkt
- Die Statue kurz anheben und ein paar Schritte transportieren
- Wechsel der Rollen

Stundenabschnitte und Unterrichtsinhalte	Organisatorische Hinweise
4 Bewegungen transportieren Schüler erlernen zwei leichte Bewegungsmotive, bei denen Bewegungen weitergegeben werden: Motiv 1: • Offener, paralleler Stand • ZZ 1 linker Arm diagonal nach oben gestreckt • ZZ 2 linke Hand auf linke Schulter • ZZ 3 rechtes Knie anziehen • ZZ 4 rechtes Bein strecken und aufstellen Motiv 2: • Offener, paralleler Stand • ZZ 1–3 Beckenkreisen von links über hinten nach rechts • ZZ 4 rechten Arm nach rechts strecken mit erstem Impuls aus rechtem Ellbogen Üben beider Motive.	     Musik: „Ca Alors" (Pascal Parisot)

Stundenabschnitte und Unterrichtsinhalte	Organisatorische Hinweise

Möglichkeit zu kürzen: Weglassen

5 Kleingruppenaufgabe zu viert

- Schüler stellen sich in eine Reihe nebeneinander
- Kind 1 beginnt mit Motiv 1
- Kind setzt nach 4 ZZ mit Motiv 2 ein
- Kind 3 macht nach weiteren 4 ZZ mit Motiv 1 weiter
- Kind 4 endet nach weiteren 4 ZZ mit Motiv 2
- Üben und Präsentieren

Musik: „Ca Alors" (Pascal Parisot)

6 Gestaltungsaufgabe: Die Eismaschine

Schüler entwickeln ihre eigene Maschine:

- Wie oben in einer Reihe nebeneinander
- Jedes Kind hat seine eigene Bewegung
- Wenn möglich; jede Bewegung ist 4 ZZ lang

Üben und evtl. je nach Talent der Schüler:

- Kind 4 nimmt die letzte Bewegung mit
- Aufgabe: „Wie kann ich den Weg gestalten?"
- Einnehmen der Position von Kind 1
- Variante einfach: Bewegung bleibt gleich

Möglichkeit zu verlängern:
Variante schwer: Bewegung ändert nach Position.

Musik: „Ca Alors" (Pascal Parisot)

Stundenabschnitte und Unterrichtsinhalte	Organisatorische Hinweise
7 Präsentation Anschauen der verschiedenen Eismaschinen. Gemeinsames Überlegen: „Was fehlt?“ • „Was machen die Kinder, die sich gerade nicht bewegen (z. B. schnipsen oder Kopfbewegung)?“ • „Was machen die Kinder, während sich Kind 4 auf Position 1 bewegt (z. B. kleine Seitschritte nach rechts)?“	Musik: „Ca Alors” (Pascal Parisot)
Stundenausklang	
8 Entspannung zu Wellenrauschen	

Stunde 8: *Jahreszeit Herbst (Blätter)*

Stundenabschnitte und Unterrichtsinhalte	Organisatorische Hinweise
Aufwärmphase	
1 **„Saus und Braus“** Freies Bewegen nach schneller Musik mit folgenden Bewegungsaufgaben: • „Möglichst schnell“ • „Möglichst langsam“ • „Möglichst groß“ • „Möglichst klein“ • „Möglichst schief“ • „Möglichst laut“ • „Möglichst leise“	Musik: „Ansgars Turbo“ (Ensemble Rossi)
2 **Tanztechnik** • Paralleler, schulterbreiter Stand • Aufrechte und „offene“ Körperhaltung • Mit dem Kopf beginnend den Oberkörper abrollen, die Arme hängen locker und entspannt nach unten, die Beine sind gestreckt • Am tiefstmöglichen Punkt Beine beugen, Kopf und Arme hängen ganz entspannt • Beine wieder strecken • Wirbel für Wirbel bis zum Aufrichten des Kopfes aufrollen • Hände und Arme am Körper entlang nach oben bringen, dabei in den Hochzehenstand gehen • Position einen Moment halten • Arme gestreckt über die Seite nach unten bringen, Gewicht wieder auf den ganzen Fuß verteilen Ablauf mehrere Male wiederholen.	Musik: „Liebe in Nairobi“ (Niki Reiser)

<table>
<tr><th colspan="2">Stundenabschnitte und Unterrichtsinhalte</th><th>Organisatorische Hinweise</th></tr>
<tr><td>3</td><td>Einstieg ins Thema „Herbst“
Ideen sammeln und aufschreiben:
• Wind
• Regen
• Drachensteigen
• Blätter
• usw.
Herbstblätter rausholen und gemeinsam überlegen:
Was kann man damit machen?
• Hochwerfen
• Hochwerfen und durchlaufen
• Dagegentreten
• Sammeln
• Zusammenfegen</td><td>Material: Echte verschiedene Blätter</td></tr>
<tr><th colspan="3">Hauptphase</th></tr>
<tr><td>4</td><td>Bewegen mit dem Blatt
Jedes Kind bekommt ein Blatt.
Die Kinder bewegen sich mit dem Blatt zu Musik durch den Raum.
Das Blatt kann
• in der Hand geschwungen werden
• hochgeworfen werden
• mit verschiedenen Körperteilen transportiert/balanciert werden
• gepustet werden
• usw.
Blätter wieder einsammeln.</td><td>
Musik: „Le Matin“ (Yann Thiersen)</td></tr>
</table>

Stundenabschnitte und Unterrichtsinhalte	Organisatorische Hinweise
5 Bewegen als Blatt (1) Gruppen zu zweit, dritt oder viert: Ein Kind pustet, die anderen Kinder sind Blätter und bewegen sich. *Achtung:* Bewegungen sollen in Länge, Stärke und Richtung darauf abgestimmt werden, wie stark und von wo gepustet wird.	 
6 Bewegen als Blatt (2) Alle Kinder sind Blätter und setzen eine Geschichte in Bewegung um: • Blatt fällt vom Baum • Leichter Wind: kleine Bewegung am Boden • Wind wird stärker: langsam hochkommen • Starker Wind: Blätter wirbeln im Raum, werden vielleicht gegen etwas geblasen, fliegen weiter schneller • Wind wird weniger • Und weniger • Und weniger bis zum Stillstand • Die Lehrkraft fegt die Blätter zusammen	 Musik: „Loin de villes“ (Yann Thiersen)

Stundenabschnitte und Unterrichtsinhalte	Organisatorische Hinweise

Möglichkeit zu kürzen: Weglassen.

7 **Erlernen eines „Blattablaufs“**

- 8 ZZ Pause/Intro
- 8 ZZ hochkommen
- 4 ZZ Oberkörper nach rechts beugen
- 4 ZZ Oberkörper nach links beugen
- 4 ZZ Schritt rechts nach vorne, Arme in der Waagerechten und Arme, Oberkörper und Kopf leicht nach vorne bringen
- 4 ZZ Arme, Oberkörper und Kopf leicht nach hinten bringen
- 8 ZZ Schrittdrehung nach rechts
- 8 ZZ Schrittdrehung nach links
- 8 ZZ tief gehen in die Hocke, Arme gehen dabei mit nach unten
- 8 ZZ Pause
- 8 ZZ hochkommen
- usw.

Möglichkeit zu verlängern:
Üben, 2 Gruppen bilden, die ein Gruppe schaut zu, die andere tanzt.

Musik: „Le Matin“
(Yann Thiersen)

Stundenausklang

8 Die Kinder setzen sich in den Kreis, jedes Kind bekommt wieder ein Blatt, gemeinsam überlegen, wie man das Blatt lustig anders benutzen kann und ausprobieren, z. B.:

- Hut
- Brille (2 Blätter)
- Lupe
- Löffel
- Haarschmuck
- usw.

Stunde 9: *Jahreszeit Winter (Windlicht)*

Stundenabschnitte und Unterrichtsinhalte	Organisatorische Hinweise
Aufwärmphase	
1 **„Eisteufel“ – Fangspiel** Ein Kind ist Fänger. Wenn es ein anderes Kind gefangen hat, bleibt dieses wie erstarrt stehen. Es kann befreit werden, indem zwei Kinder es in die Mitte nehmen, sich die Hände geben, zweimal um das erstarrte herumtanzen und dabei „warm, warm, warm“ rufen.	
2 **Tanztechnik** • Paralleler, schulterbreiter Stand • Aufrechte und „offene“ Körperhaltung • Mit dem Kopf beginnend den Oberkörper abrollen, die Arme hängen locker und entspannt nach unten, die Beine sind gestreckt • Am tiefstmöglichen Punkt Beine beugen, Kopf und Arme hängen ganz entspannt • Beine wieder strecken • Wirbel für Wirbel bis zum Aufrichten des Kopfes aufrollen • Hände und Arme am Körper entlang nach oben bringen, dabei in den Hochzehenstand gehen • Position einen Moment halten • Arme gestreckt über die Seite nach unten bringen, Gewicht wieder auf den ganzen Fuß verteilen Ablauf mehrere Male wiederholen	Musik: „Liebe in Nairobi“ (Niki Reiser)

Stundenabschnitte und Unterrichtsinhalte	Organisatorische Hinweise
3 **Einstieg ins Thema „Windlicht“: Sammeln von Eigenschaften** Was ist das besondere an einem Windlicht? • Licht • Geschützt • Wärme	
Hauptphase	
4 **Licht spenden** Die Kinder bekommen ein Windlicht (möglichst großes Glas, in dem die Kerze nicht so schnell ausgeht, mit Teelicht). • Mit dem Windlicht sich beleuchten, die Arme, Beine, den Bauch, den Kopf, usw. • Den kleinen Raum um sich herum beleuchten: die verschiedenen Ebenen und Richtungen, usw. • Den großen Raum ausleuchten: kreuz und quer durch den Raum, in die Ecken, an den Wänden, usw. • Dabei auch andere Kinder anleuchten	  Musik: „Aus dem Pahlenschen“ (Ensemble Rossi)

Stundenabschnitte und Unterrichtsinhalte	Organisatorische Hinweise

5 Schutz: Partner-Aufgabe

- Ein Kind schützt das Windlicht, das andere versucht es auszupusten. Dabei Bewegung im Raum, das pustende Kind muss die Hände auf den Rücken nehmen
- Wechsel der Aufgaben
- Gemeinsames Festlegen von drei Schutzpositionen, ohne dass jemand angreift
- Verbinden der Schutzpositionen
- Präsentieren

6 Wärme und Geborgenheit: Partner-Aufgabe

Spiegeln

- Schüler stehen sich mit Windlicht zu zweit gegenüber
- Ein Kind gibt die Bewegung vor, das andere imitiert, ohne dass von außen erkennbar ist, wer die Bewegung anführt
- Später Wechsel der Führungsposition

Stundenabschnitte und Unterrichtsinhalte	Organisatorische Hinweise
7 Abschlussimprovisation Versuch einer getanzten Zusammenfassung der Stundeninhalte: • Schüler haben ihr Windlicht in der Hand • Sich, den Raum und die anderen ausleuchten • Auf Zuruf der Lehrkraft zu zweit zusammenkommen: Schutzpositionen • Auf Zuruf der Lehrkraft zum anderen Partner: Spiegeln • Auf Zuruf der Lehrkraft im Kreis zusammenkommen: Musik wird ausgeblendet	

Stundenausklang

8 Kinder setzen sich in den Kreis. Kerze steht vor ihnen, Lehrkraft liest eine winterliche kurze Geschichte oder Gedicht vor. Möglichkeit in der Zeit zu variieren: Länge der Geschichte.	

Stunde 10: *Abschlussgestaltung zum Projekt „Jahreszeiten“ mit Kindern der 1. und 2. Klasse*

	Stundenabschnitte und Unterrichtsinhalte	Organisatorische Hinweise
1	**Frühling**	
	Kinder liegen verteilt auf der Bühne.	Musik: „Living in the country“ (ACHTUNG: $^3/_4$-Takt) (George Winston)
	• Bewegungsgeschichte „Blume“ zu Musik (George Winston, Living in the country) • Kinder holen ihre Blumenbilder, die im hinteren Teil der Bühne liegen, und hängen sie im Raum auf (ohne Musik) • Kinder nehmen sich ein Tuch, Tücher liegen am Rand der Bühne, und betreten nach und nach mit dem Tuch die Bühne • Jedes Kind setzt sich hierbei anders mit dem Tuch auseinander (pustend, schwingend, werfend und fangend, balancierend, usw.) • Aufstellung zu Bewegungsablauf mit Tuch (George Winston, Living in the country)	
	Überleitung zum Sommer	
	• Wellenrauschen	Musik: „Wellenrauschen“
	• Kinder bleiben zunächst an ihrem Platz: benutzen das Tuch als Schweißabwischer, als Fächer, als Handtuch	
	• Mit Beginn der Musik (Pascal Parisot, Ca Alors) gehen die Kinder an die Bühnenseiten, wo sie die Tücher hinlegen	Musik: „Ca Alors“ (Pascal Parisot)
2	**Sommer**	
	Kinder kommen in Kleingruppen auf die Bühne.	Musik: „Ca Alors“ (Pascal Parisot)
	• Präsentation der Eismaschinen (Pascal Parisot, Ca Alors)	
	Achtung: In der Kürze liegt die Würze. Jede Maschine sollte einen vorher begrenzten Zeitraum präsentieren, z. B. zwei Durchläufe (kommt auf die Länge der Durchläufe an).	
	Überleitung zum Herbst	
	• Kinder legen sich auf die Bühne wie an den Strand (Wellenrauschen, das langsam ausgeblendet wird, usw.)	Musik: „Wellenrauschen“

	Stundenabschnitte und Unterrichtsinhalte	Organisatorische Hinweise
3	**Herbst** Bewegen als Blatt • Windgeräusche • 2–4 Kinder stehen auf und pusten vorher festgelegte Kinder auf ihre Position beim Blattablauf • Blattablauf mit Musik (Yann Thiersen, Le Matin) ***Überleitung zum Winter*** • Alle Kinder laufen von der Bühne • 2–4 Kinder bleiben stehen und nehmen sich je ein/zwei Blätter, die vorne auf der Bühne liegen • Nacheinander zeigen die Kinder eine verfremdete Nutzung des Blattes (wenn möglich steigernd lustig) • Noch während die Kinder dort stehen, betreten die ersten die Bühne mit Windlicht und leuchten den Raum aus	Musik: „Le Matin“ (Yann Thiersen)
4	**Winter** Siehe Abschlussimprovisation Winter • Sich, den Raum und die anderen ausleuchten • Zu zweit: Schutzpositionen • Zu zweit: Spiegeln • Alle kommen an den vorderen Bühnenrand, Musik wird ausgeblendet • Alle Kinder pusten ihre Kerze aus!	Musik: „Aus dem Pahlenschen“ (Ensemble Rossi)

Stundenentwürfe für die Klassen 3 und 4

Stunde 11: *Gestaltungskriterium Zeit*

Stundenabschnitte und Unterrichtsinhalte	Organisatorische Hinweise
Aufwärmphase	
1 **„Zeit in motion“** • In eigenem Tempo durch die Halle gehen • Gemeinsame Temposteigerung bis hin zum langsamen Laufen • Weiter steigern bis zum zügigen Lauftempo • Wenn der Weg frei ist, dürfen kleine Strecken auch gesprintet werden • Tempo wieder drosseln bis zum – langsamen Lauftempo, – schnellen Gehen, – normalen Gehen und – immer, immer langsamer werden, – bis hin zu dem Versuch in Zeitlupe zu gehen (Musikeinsatz)	Musik: „Gone“ (Kruder & Dorfmeister)
2 **Tanztechnik** • Paralleler, schulterbreiter Stand • Aufrechte und „offene“ Körperhaltung • Mit dem Kopf beginnend den Oberkörper abrollen, die Arme hängen locker und entspannt nach unten, die Beine sind gestreckt • Am tiefstmöglichen Punkt die Beine beugen, Kopf und Arme hängen ganz entspannt • Beine wieder strecken • Wirbel für Wirbel bis zum Aufrichten des Kopfes aufrollen • Hände und Arme am Körper entlang nach oben bringen, dabei in den Hochzehenstand gehen • Position einen Moment halten • Arme gestreckt über die Seite nach unten bringen, Gewicht wieder auf den ganzen Fuß verteilen Ablauf mehrere Male wiederholen.	    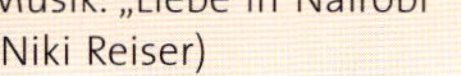 Musik: „Liebe in Nairobi“ (Niki Reiser)

Stundenabschnitte und Unterrichtsinhalte	Organisatorische Hinweise
3 Vier Schüler stellen sich in eine Reihe an die kurze Seite der Halle, mit Blick zur gegenüberliegenden Seite, die nächsten vier Schüler stellen sich auf Lücke dahinter, usw. Gehen • Im Metrum der Musik • Im halben Tempo • Im doppelten Tempo • 4 ZZ im Metrum, 4 ZZ im halben Tempo (2 Schritte), 4 ZZ im doppelten Tempo (8 Schritte), 4 ZZ Pause Die erste Reihe beginnt und die darauffolgenden Reihen setzen immer nach 4 ZZ ein. Dadurch entsteht bei der letzten Aufgabe ein „Kanon" (Klären: „Was ist ein Kanon?" Z. B. „Bruder Jakob").	Musik: „No Melody" (Turntablerocker)

Hauptphase

4 Erlernen eines Bewegungsablaufs mit dem Schwerpunkt auf zeitlichen Variationen ZZ 1,2: Schritt rechts vw ZZ 3: Schritt links vw ZZ 4: Schritt rechts vw ZZ 5,6: Schritt links rw ZZ 7: Schritt rechts rw ZZ 8: Schritt links rw ZZ 1-4: 8 schnelle Laufschritte im Halbkreis um die rechte Schulter nach hinten ZZ 5-8: 8 schnelle Laufschritte im Halbkreis um die linke Schulter nach vorne ZZ 1: „Tip" mit rechtem Fuß nach vorne, dabei Fingerschnipsen mit rechter Hand nach rechts und mit der linken nach links ZZ 2,3: Halten ZZ 4: Rechten Fuß wieder anstellen ZZ 5: „Tip" mit linkem Fuß nach vorne, dabei Fingerschnipsen mit rechter Hand nach rechts und mit der linken nach links	    Musik: „Chambermaid Swing" (Parov Stelar)

Stundenabschnitte und Unterrichtsinhalte	Organisatorische Hinweise
ZZ 6,7: Halten ZZ 8: Linken Fuß wieder anstellen ZZ 1: „Tip“ mit rechten Fuß zur Seite, dabei Fingerschnipsen mit rechter Hand nach rechts und mit der linken nach links ZZ 2,3: Halten ZZ 4: Rechten Fuß wieder anstellen ZZ 5: „Tip“ mit linken Fuß zur Seite, dabei Fingerschnipsen mit rechter Hand nach rechts und mit der linken nach links ZZ 6,7: Halten ZZ 8: Linken Fuß wieder anstellen	
5 Gestaltungskriterium Zeit Die Lehrkraft hängt ein großes, leeres Plakat an die Wand. Gemeinsames überlegen, was ZEIT für Bewegung bedeutet: z. B. langsam, schnell, pausieren, verschiedene Einsätze, usw. und was bisher davon ausprobiert worden ist.	Musik: „Chambermaid Swing“ (Parov Stelar)
6 Gestaltungsaufgabe in Kleingruppen Schüler werden in Kleingruppen von 4-6 Kindern aufgeteilt. Es wird mit dem erlernten Bewegungsablauf gearbeitet. Die Schüler sollen mind. einen Kanon einbauen, dabei entscheiden sie: • „Bekommt jedes Kind einen eigenen Einsatz?“ • „Oder immer 2?“ (bei 4 Kindern in der Gruppe) • „Oder immer 3?“ (bei 6 Kindern in der Gruppe) Und • „Setzen die Kinder, die später einsetzen, am Anfang des Ablaufs ein?“ • „Oder setzen sie dort ein, wo die Kinder, die begonnen haben, jetzt im Ablauf sind?“ Und • „Wie lange tanzen die Kinder, bis die nächsten einsetzen?“ Möglichkeit zu kürzen: Die Umsetzung des Kanons wird vorgegeben, z. B. bei vier Kindern beginnen zwei, die anderen setzen nach 8 ZZ ein. Die Kinder, die begonnen haben, warten, wenn sie am Ende des Ablaufs angekommen sind.	

Stundenabschnitte und Unterrichtsinhalte	Organisatorische Hinweise
7 Präsentation Die Kleingruppen präsentieren ihre Ergebnisse, dabei tanzen sie einmal den Ablauf durch und hängen ihren variierten Ablauf hinten an.	 Musik: „Chambermaid Swing“ (Parov Stelar)
Stundenausklang	
8 Ausblick auf die Zukunft Gemeinsames Überlegen, wie das Erarbeitete mit der ganzen Gruppe präsentiert werden könnte, z. B.: • Alle tanzen gemeinsam einmal durch • Kleingruppe A, B, C tanzen gemeinsam ihre Variation • Alle tanzen gemeinsam durch • Kleingruppe D, E, F tanzen gemeinsam ihre Variation • Alle tanzen gemeinsam durch • usw. Möglichkeit zu verlängern: Spiel (siehe Füllmaterial).	Musik: „Chambermaid Swing“ (Parov Stelar)

Stunde 12: *Gestaltungskriterium Form*

<table>
<tr><th>Stundenabschnitte und Unterrichtsinhalte</th><th>Organisatorische Hinweise</th></tr>
<tr><th colspan="2">Aufwärmphase</th></tr>
<tr><td>1 Stopptanzen
Gehen auf Musik mit verschiedenen Bewegungs- und Spielaufgaben:
• „Wie ein ganz müder Mensch“ (Musikstopp)
• „Wie einen feine Dame“ (Musikstopp)
• „Wie ein Kaugummi“ (Musikstopp)
• „Wie ein ganz aufgeregter Mensch“ (Musikstopp)
• „Wie ein Storch im Salat“ (Musikstopp)
• „Wie ein Roboter“
• usw.
Bei Musikstopp in letzter Pose erstarren, warten bis die Musik wieder beginnt und die nächste Aufgabe erfüllen.</td><td>
Musik: „Eple“ (Röyksopp)</td></tr>
<tr><td>2 Tanztechnik
• Paralleler, schulterbreiter Stand
• Aufrechte und „offene“ Körperhaltung
• Mit dem Kopf beginnend den Oberkörper abrollen, die Arme hängen locker und entspannt nach unten, die Beine sind gestreckt
• Am tiefstmöglichen Punkt die Beine beugen, Kopf und Arme hängen ganz entspannt
• Beine wieder strecken
• Wirbel für Wirbel bis zum Aufrichten des Kopfes aufrollen
• Hände und Arme am Körper entlang nach oben bringen, dabei in den Hochzehenstand gehen
• Position einen Moment halten
• Arme gestreckt über die Seite nach unten bringen, Gewicht wieder auf den ganzen Fuß verteilen
Ablauf mehrere Male wiederholen.</td><td>Musik: „Liebe in Nairobi“ (Niki Reiser)</td></tr>
</table>

Stundenabschnitte und Unterrichtsinhalte	Organisatorische Hinweise
3 **Durch die Halle gehen mit verschiedenen Bewegungsaufgaben** • „Ganz groß" • „Ganz klein" • „Verschiedene Spielbeinführungen ausprobieren" • „Zweispurig gehen" • „Einspurig gehen" • Frage: „Was kann das Becken beim Gehen machen?" • Frage: „Welche Möglichkeiten hat der Oberkörper?" • Frage: „Wie können die Arme eingesetzt werden?" • usw.	 Musik: „Stolen Dance" (Milky Chance)
Hauptphase	
4 **Erlernen verschiedener Schrittmotive in Kleingruppen an Stationen** *Station A: Step touch* Schritt mit einem Fuß zur Seite, anderen Fuß unbelastet anstellen, dann zur anderen Seite (auch nach vorne und hinten möglich)	Material: Stationskarten Musik im Hintergrund: „Mädchen gegen Jungs" (aus dem Film: Bibi und Tina 3)  

Stundenabschnitte und Unterrichtsinhalte	Organisatorische Hinweise
Station B: Forward and back Zwei Schritte vor, zwei Schritte zurück	  
Station C: Sternschritt/Roller Standbein bleibt in der Mitte stehen, Spielbein tippt 4-mal auf, dabei Drehung um das Standbein	    
Station D: Sprung „Denkt euch einen Sprung aus, bei dem ihr von beiden Füßen abspringt und auch wieder auf beiden Füßen landet“	

	Stundenabschnitte und Unterrichtsinhalte	Organisatorische Hinweise
	Station E: Bodenslide In die Hocke gehen, linke Hand aufstützen, linkes Knie über den Boden nach vorne schieben, über linken Oberschenkel und Pobacke rutschen, rechtes Bein bleibt gebeugt und hinten Lehrkraft geht durch die Stationen und hilft.	 
5	**Gestaltungsaufgabe** Die Kleingruppen suchen sich mindestens 4 Schrittmotive aus, setzen sie in eine beliebige Reihenfolge und entscheiden auch wie oft die einzelnen Schrittmotive ausgeführt werden (in Abstimmung auf die Musik). Möglichkeit zu kürzen: Die Kleingruppen wählen nur zwei Schrittmotive aus.	Musik: „Mädchen gegen Jungs“ (aus dem Film: Bibi und Tina 3)
6	**Zwischenpräsentation** Die Kleingruppen zeigen ihre Abläufe. Die Zuschauenden notieren die Reihenfolge der Schrittmotive (GK-Form: Reihenfolge von Schritten).	

Stundenabschnitte und Unterrichtsinhalte	Organisatorische Hinweise
7 **Zweite Gestaltungsaufgabe** Es werden Zettel mit z. B. folgenden Bewegungsstilen, -typen gezogen: • Hip-Hop • Ballett • Pinguin • Affe • Monster • Roboter • usw. und die zuvor entstandene Bewegungsfolge dem entsprechenden Zettel angepasst.	Musik: „Eple“ (Röyksopp)
8 **Präsentation** Die Kleingruppen zeigen ihren Ablauf erneut, diesmal im entsprechenden Stil. (GK-Form: verschiedene Bewegungsstile, Typisierungen) Die Zuschauenden raten, was auf dem Zettel gestanden haben könnte.	 Musik: „Eple“ (Röyksopp)
Stundenausklang	
9 **Show** Alle tanzen gemeinsam, aber jede Kleingruppe ihren eigenen Ablauf mit oder ohne Stil oder Typisierung. Möglichkeit zu verlängern: Spiel (Siehe Füllmaterial).	Musik: „Mädchen gegen Jungs“ (aus dem Film: Bibi und Tina 3)

Stunde 13: *Bezug zwischen Partnern und Gruppe*

Stundenabschnitte und Unterrichtsinhalte	Organisatorische Hinweise
Aufwärmphase	
1 **Schattenlaufen zu zweit** • Zwei Kinder bewegen sich hintereinander • Das vordere Kind gibt die Bewegung vor, das hintere kopiert wie ein Schatten • Auf Signal Wechsel der Rollen	
2 **Tanztechnik** • Paralleler, schulterbreiter Stand • Aufrechte und „offene“ Körperhaltung • Mit dem Kopf beginnend den Oberkörper abrollen, die Arme hängen locker und entspannt nach unten, die Beine sind gestreckt • Am tiefstmöglichen Punkt Beine beugen, Kopf und Arme hängen ganz entspannt • Beine wieder strecken • Wirbel für Wirbel bis zum Aufrichten des Kopfes aufrollen • Hände und Arme am Körper entlang nach oben bringen, dabei in den Hochzehenstand gehen • Position einen Moment halten • Arme gestreckt über die Seite nach unten bringen, Gewicht wieder auf den ganzen Fuß verteilen Ablauf mehrere Male wiederholen.	Musik: „Liebe in Nairobi“ (Niki Reiser)

Hauptphase

3 Umsetzen von Bildern im Team

Immer zwei Kinder ziehen einen Umschlag, indem sich ein Bild zu folgenden Themen befindet:

- Spiegel
- Marionette
- Schatten
- Echo
- Groß und Klein (Gegensätze)
- Frage-Antwort

In kurzer Zeit sollen die Teams sich überlegen, wie sie das Bild in Bewegung umsetzen können (alltägliche oder tänzerische Bewegungen möglich).

4 Präsentation und Quiz

- Die Teams präsentieren ihre Lösungen
- Die Gruppe versucht den dargestellten Begriff zu erraten

Sammeln der Begriffe auf einem an der Wand hängenden Plakat.

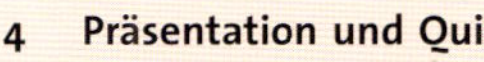

Stundenabschnitte und Unterrichtsinhalte	Organisatorische Hinweise

5 Erlernen eines Bewegungsablaufs

ZZ 1–2: Nachstellschritt rechts vorne
ZZ 3–4: Nachstellschritt links vorne
ZZ 5: Schritt mit rechts nach rechts hinten
ZZ 6: „Tip“ mit links zurück
ZZ 7: Schritt mit links nach links hinten
ZZ 8: „Tip“ mit rechts zurück
ZZ 1–4: Schrittdrehung nach rechts
ZZ 5–8: Schritt links zur Seite, Schritt rechts kreuzt hinter links, Schritt links zur Seite, Schritt rechts ran (Grapevine)
ZZ 1–2: Schritt rechts diagonal nach vorne, Schritt links schulterbreit daneben (V-Schritt)
ZZ 3–4: Sprung in Schlussstellung, Sprung in Grätschstellung, Beine gebeugt
ZZ 5–6: In der Position Rumpf beugen und mit den Händen 2-mal auf den Boden schlagen
ZZ 7–8: Schritt rechts in die Mitte, Schritt links ran, dabei Oberkörper aufrichten
ZZ 1–4: Schrittdrehung nach links
ZZ 5–8: Schritt rechts zur Seite, Schritt links kreuzt hinter rechts, Schritt rechts zur Seite, Schritt links ran (Grapevine)

Musik: „Ananas“ (Tosca)

	Stundenabschnitte und Unterrichtsinhalte	Organisatorische Hinweise
6	**Gestaltungsaufgabe** Umgestaltung des zuvor erlernten Ablaufs. Mindestens zwei der zuvor kennengelernten Formen sollen eingebaut werden.	Musik: „Ananas" (Tosca)
7	**Präsentation der Ergebnisse** Die Kleingruppen präsentieren ihre Ergebnisse. Die Zuschauenden erraten, welche Formen eingebaut wurden.	
	Stundenausklang	
	Möglichkeit zu kürzen: Weglassen.	
8	**Bewegen in der Gruppe** Einführung von verschiedenen Wellenbewegungen, z. B. La-Ola-Welle, Armwelle, Drehwelle. Möglichkeit zu verlängern: Spiel (siehe Füllmaterial).	

Stunde 14: *Scooter-Roller*

Stundenabschnitte und Unterrichtsinhalte	Organisatorische Hinweise
Aufwärmphase	
1 **Stopptanzen mit dem Kickboard (Regeleinführung)** Kreuz und quer zu Musik durch die Halle fahren: • Bei Musikstopp: sofort bremsen und vom Deck abspringen, Füße stehen rechts und links von der Standfläche • Bei Musikstopp und einmal klatschen: sofort bremsen, Roller hinlegen und daneben setzen • Bei Musikstopp und zweimal klatschen: sofort bremsen, Roller hinlegen und daneben legen „Strafe“: Wer als letztes die Aufgabe erfüllt, muss eine Runde aussetzen.	Musik: „Epple“ (Röyksopp)
2 **Tanztechnik mit dem Roller** Mit dem Roller stehen, Füße stehen rechts und links neben der Standfläche, Hände am Lenker: • Roller vorrollen bis die Wirbelsäule gestreckt in der Tischhalte/Flatback ist, halten und 3- bis 4-mal wiederholen • Auf die Zehenspitzen gehen, halten und 3- bis 4-mal wiederholen Rechts neben dem Roller stehen, linke Hand fasst den Lenker: • Rechtes Bein nach vorne strecken und halten • Rechtes Bein zur Seite strecken und halten • Rechten Arm nach oben strecken und Oberkörper nach links neigen Links neben dem Roller stehen, rechte Hand fasst den Lenker: • Linkes Bein nach vorne strecken und halten • Linkes Bein zur Seite strecken und halten • Linken Arm nach oben strecken und Oberkörper nach rechts neigen	   Musik: „Liebe in Nairobi“ (Niki Reiser)

Stundenabschnitte und Unterrichtsinhalte	Organisatorische Hinweise
Hauptphase	
3 **Fahren mit dem Kickboard** Räumliche Variationen (durch die Halle): • Immer die freien Flächen finden • Kurvige Raumwege fahren • Frage: „Kann man auch nur gerade Raumwege fahren? Wie komme ich dann um die Ecke?“ • Verschiedene Raumornamente (Kreis, Dreieck, Spirale, Acht) • Zu zweit ausprobieren: aufeinander zu, hintereinander her, nebeneinander, voneinander weg, usw. Zeitliche Variationen (von einer Hallenseite zur anderen in Reihen hintereinander): • In *slow motion* rollern • Fahren und Pause (stimmliche Begleitung: „Roller, Roller, Stopp, 2, 3, auf, Roller, usw.“) • Mit verschiedenen Einsätzen in den Reihen starten (Reihe 2 startet wenn Reihe 1 bei „Stopp, 2, 3, auf“ ist) • In Kombination mit Dynamik: – Fahren und Pause ganz laut (bei Stopp laut mit beiden Füßen neben die Trittfläche springen und elanvoll rollern) – Fahren und Pause ganz leise (bei Stopp lautlos landen und leicht rollern) Formale Variation (zu zweit nebeneinander über die Diagonale): • Mit der „schlechten Seite“ antreten. • Feste antreten und das Spielbein variieren: – Nach vorne strecken – Mit dem Fuß an die Innenseite des Standbeines stellen – Nach hinten strecken – Etwas Eigenes erfinden • Feste antreten, beide Beine auf die Trittfläche stellen und mit dem Roller springen	Musik: „Dynabeat“ (Jain)

Stundenabschnitte und Unterrichtsinhalte	Organisatorische Hinweise
4 Gestaltungsaufgabe zu viert Aus dem zuvor erprobten Material vier Lieblingsmöglichkeiten aussuchen und aneinanderhängen. In der Gruppe räumlich gestalten: • Frage: „Wie steht die Gruppe zu Beginn?" • Frage: „In welche Richtung wird gefahren?" • Frage: „Welche Möglichkeiten können genutzt werden?" (aufeinander zu, voneinander weg, nebeneinander, usw.)	Musik: „Dynabeat" (Jain)
5 Zwischenpräsentation	
Möglichkeit zu kürzen: Weglassen von 6 und 7.	
6 Gemeinsames Nachgestalten eines vorgegebenen Ablaufs ZZ 1–4: Roller, Roller, Stopp, Stehen (Füße rechts und links neben der Standfläche) ZZ 5–8: Nach vorne in die Tischhalten/Flatback und zurück ZZ 1–4: Roller, Roller, Roller, Roller, dabei Kreis nach rechts ZZ 5–8: Rollern mit beiden Füßen auf der Standfläche, dabei Kreis nach links ZZ 1–4: Stopp und links neben die Standfläche abspringen, Roller nach vorne hochheben ZZ 5–8: Roller an der rechten Körperseite nach hinten und wieder nach vorne schwingen, absetzen ZZ 1–4: Roller, Roller, Stopp, Stehen nach hinten (Füße links neben der Standfläche) ZZ 5–8: Halben Kreis um die rechte Schulter gehen, dabei Roller auf dem Vorderrad mitdrehen	      Musik: „Dynabeat (Jain)

Stundenabschnitte und Unterrichtsinhalte	Organisatorische Hinweise
7 Üben und Perfektionieren in den 4er-Gruppen Später den zuvor selbst gestalteten Ablauf anhängen und üben.	Musik: „Dynabeat“ (Jain)
Stundenausklang	
8 Präsentation und Reflexion Möglichkeit zu verlängern: Spiel (siehe Füllmaterial).	Musik: „Dynabeat“ (Jain)

Stunde 15: *Haiku*

<table>
<tr><th></th><th>Stundenabschnitte und Unterrichtsinhalte</th><th>Organisatorische Hinweise</th></tr>
<tr><td colspan="3">Aufwärmphase</td></tr>
<tr><td>1</td><td>Tanztechnik
• Paralleler, schulterbreiter Stand
• Aufrechte und „offene“ Körperhaltung
• Mit dem Kopf beginnend den Oberkörper abrollen, die Arme hängen locker und entspannt nach unten, die Beine sind gestreckt
• Am tiefstmöglichen Punkt Beine beugen, Kopf und Arme hängen ganz entspannt
• Beine wieder strecken
• Wirbel für Wirbel bis zum Aufrichten des Kopfes aufrollen
• Hände und Arme am Körper entlang nach oben bringen, dabei in den Hochzehenstand gehen
• Position einen Moment halten
• Arme gestreckt über die Seite nach unten bringen, Gewicht wieder auf den ganzen Fuß verteilen
Ablauf mehrere Male wiederholen.</td><td>Musik: „Liebe in Nairobi“ (Niki Reiser)</td></tr>
<tr><td colspan="3">Hauptphase</td></tr>
<tr><td>2</td><td>Thema vorstellen: Haiku
Was ist ein Haiku, was zeichnet es aus?
• Japanisches Kurzgedicht
• Drei Wesensmerkmale:
– Haikus erzählen von der Gegenwart, Präsens
– Haikus beziehen sich auf die Wahrnehmung, auf die Sinne
– Haikus sind kurz (3 Zeilen)
• Keinen Endreim!
Vorlesen eines Haikus von Issa (berühmter japanischer Haiku-Dichter):
Dem Wind der Kiefer
Lauscht völlig hingegeben
Der alte Laubfrosch</td><td></td></tr>
</table>

Stundenabschnitte und Unterrichtsinhalte	Organisatorische Hinweise
3 Brainstorming: Was kann man von dem Gedicht in die Bewegung umsetzen? Wind: • Leichte Bewegungen • Schwingende Bewegungen • Schwebende Bewegungen Kiefer: • Stark • Fest • Wurzeln, Äste, Blätter Lauschen: • Ruhig, still halten • Freeze • Entspannung Frosch: • Frosch darstellen • Froschsprünge • Klettern	
4 Schwerpunkt 1: Wind Bewegen im Raum zu Musik: • Möglichst leicht und sanft • Leise bewegen • Leicht, sanft und leise, ohne die Arme einzusetzen • Leicht, sanft und leise, nur die Finger, Hände und Arme Schwingen üben: • Auf der Stelle stehen, Arme nach oben strecken, auf die Zehenspitzen gehen • Arme, Oberkörper und Kopf nach vorne unten fallen lassen, Beine geben nach – Schwingen • Schwerkraft durch den Schwung überwinden und wieder in den Stand kommen • Verschiedene Variationen von Schwingen vormachen und nachmachen lassen • Selber ausprobieren lassen Mit Schwingen in die Fortbewegung kommen: • Gehen, Hüpfen • Drehen • Springen • Rutschen, Rollen	 Musik: „Djingalla“ (Djingalla)

Stundenabschnitte und Unterrichtsinhalte	Organisatorische Hinweise
5 Schwerpunkt 2: Baum/Kiefer Kinder gehen zu dritt oder viert zusammen. Baumstamm – ein Kind mit Körperspannung: • Liegt auf dem Boden und wird von den anderen gerollt • Liegt mit dem Rücken auf dem Boden und wird an den Füßen angehoben: Schultergürtel und Kopf bleiben in Bodenkontakt • Steht zwischen den anderen Kindern und lässt sich wie ein Pendel gespannt nach hinten und vorne fallen, die anderen fangen es auf	 
Gruppenaufgabe: • Bilder von Kiefern auf dem Boden verteilen • In den Kleingruppen einen eigenen Baum bauen • Alle Kinder müssen involviert sein • Präsentieren	

	Stundenabschnitte und Unterrichtsinhalte	Organisatorische Hinweise
6	**Schwerpunkt 3: Lauschen** Wie Stopptanzen. Kinder bewegen sich auf Musik. Bei Musikstopp: • Einnehmen einer „Lauschposition“, mehrmals wiederholen • Sich für 4 Lauschpositionen entscheiden und aneinanderhängen • Ablauf üben	
7	**Schwerpunkt 4: Der Frosch** Lehrkraft macht vor, Kinder machen nach: • Frosch-Grundposition • Froschsprung • Froschklettern	
8	**Gestaltungsaufgabe** Zu 4–6 Kindern zusammengehen. *Aufgabe* Den Haiku in Bewegung umsetzen, dabei folgende Entscheidungen fällen: • „Sollen Bewegungen aus allen, aus einigen oder nur aus einem Schwerpunkt auftauchen?“ • „Werden die Bewegungen nacheinander gezeigt oder überschneiden sich welche?“ • „Bewegen sich immer alle Kinder oder werden ‚Rollen‘ verteilt?“ • „Wird der Haiku laut gesagt?“ • „Wenn ja; vor der Bewegung, dabei oder am Ende?“ • „Von allen, ausgewählten Kindern oder von nur einem?“ • „Mit Musik oder ohne (die Entscheidung kann gegebenenfalls auch von der Lehrkraft gefällt werden)?“	

Stundenabschnitte und Unterrichtsinhalte	Organisatorische Hinweise
9 Präsentation • Präsentation der Ergebnisse. • Reflexion: Wie haben sie sich entschieden?	

Stundenausklang

Möglichkeit zu kürzen: Weglassen

10 Ein eigenes Haiku

Zunächst vorlesen eines „Kinder-Haiku“:
Ein Käfer krabbelt
Auf eine Blume
Nun hält er still

Erinnern an die Wesensmerkmale eines Haikus.

Thema vorgeben: z. B. Pausenhof.

Am Ende Freiwillige vorlesen lassen.

Möglichkeit zu verlängern: Spiel (siehe Füllmaterial)

Stunde 16: *Freundschaft*

	Stundenabschnitte und Unterrichtsinhalte	Organisatorische Hinweise
	Aufwärmphase	
1	In verschiedene Richtungen laufen, bei Musikstopp rufen alle Kinder laut ihren Namen. • Vw • Rw • Sw • Über den Boden • Verschiedene Gruppierungen (zu zweit, zu dritt, zu fünft, usw.)	Musik: „Happy“ (Pharrell Williams)
2	**Tanztechnik** • Paralleler, schulterbreiter Stand • Aufrechte und „offene“ Körperhaltung • Mit dem Kopf beginnend den Oberkörper abrollen, die Arme hängen locker und entspannt nach unten, die Beine sind gestreckt • Am tiefstmöglichen Punkt die Beine beugen, Kopf und Arme hängen ganz entspannt • Beine wieder strecken • Wirbel für Wirbel bis zum Aufrichten des Kopfes aufrollen • Hände und Arme am Körper entlang nach oben bringen, dabei in den Hochzehenstand gehen • Position einen Moment halten • Arme gestreckt über die Seite nach unten bringen, Gewicht wieder auf den ganzen Fuß verteilen Ablauf mehrere Male wiederholen.	Musik: „Liebe in Nairobi“ (Niki Reiser) 
3	**Indianer in Kleingruppen** 4–6 Kinder bewegen sich in einem Pulk durch die Halle. Der Vordere gibt eine Bewegungsform und den Raumweg vor, die anderen versuchen den Anführer möglichst genau zu imitieren. Auf Signal: Wechsel der Führungsposition.	
4	**Brainstorming** Frage: „Was heißt für uns Freundschaft?“	

Stundenabschnitte und Unterrichtsinhalte	Organisatorische Hinweise
Hauptphase	
5 **Partner-Aufgabe** Folgende Körperteile sind aneinandergeklebt: • Hände • Füße • Rücken • Kopf • Schulter Dabei versuchen, sich gemeinsam zu bewegen ohne den Kontakt zu verlieren.	     
6 **Gleiche Aufgabe** Aber mit Ansage von außen und Musik.	Musik: „La Lessive“ (Zaz)

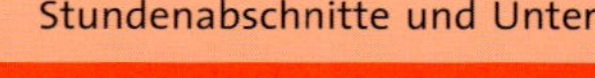

7 Gestaltungsaufgabe

Partner suchen sich 3–4 Lieblingsbewegungen aus und versuchen daraus einen Ablauf zu machen (es sollte darauf geachtet werden, dass die Lieblingsbewegungen mit verschiedenen Körperteilen ausgeführt werden).

8 Präsentation und Reflexion

(*Achtung:* Hierbei nun auch Augenmerk auf die Übergänge haben).

9 Zweite Übungsphase mit Schwerpunkt auf der Reflexion

Stundenabschnitte und Unterrichtsinhalte	Organisatorische Hinweise
10 **Brainstorming: Freundschaftspositionen/Fotos** Frage: „Wie könnte ein Foto von euch und eurer Freundin oder eurem Freund aussehen?“ Frage: „Was könnten mögliche Positionen sein?“	
11 **Fotoshooting** Zwei Paare gehen zusammen: • Das eine Paar spielt die Fotografen, das andere bietet verschiedene Möglichkeiten an • Gemeinsames Überlegen und Entscheiden, welches „Foto“ das beste ist	
12 **Abschlussgestaltung** Alle Paare stehen im Hintergrund in einem Halbkreis und stellen ihr zuvor erprobtes Foto dar. Nach einer vorher festgelegten Reihenfolge kommen einzelne Paare nach vorne in die Mitte und stellen ihren Ablauf vor. Möglichkeit zu verlängern: Dabei kann gefilmt werden und hinterher das gemeinsam erarbeitete „Stück“ angeschaut werden.	Musik: „La Lessive“ (ZAZ)

Stundenausklang

Möglichkeit zu kürzen: Weglassen.	
13 **Rückentafel** Die Paare suchen sich einen Platz in der Halle und setzen sich hintereinander. Die hintere Person schreibt der vorderen etwas Passendes zum Thema „Freundschaft“ auf den Rücken, die vordere Person rät.	

Stunde 17: *Steinzeit I (Laufen)* (vgl. Lichtenthaler, 2016)

	Stundenabschnitte und Unterrichtsinhalte	Organisatorische Hinweise
	Aufwärmphase	
1	**Stopptanz der Steinzeitmenschen** Bewegen zu Musik, bei Musikstopp wie erstarrt stehen bleiben, Körperspannung halten und bei erneutem Musikbeginn weiterbewegen. Später bewegen mit verschiedenen Bewegungsaufgaben, z. B. • „Nur rückwärts“ (Musikstopp) • „Nur über den Boden“ (Musikstopp) • „Nur auf kurvigen Raumwegen“ (Musikstopp) • „Nur auf geraden Raumwegen“ (Musikstopp) • „Bei der letzten Runde so schnell wie möglich in einem Kreis zusammenfinden“	Musik: „Je veux“ (Zaz)
2	**Tanztechnik** • Paralleler, schulterbreiter Stand • Aufrechte und „offene“ Körperhaltung • Mit dem Kopf beginnend den Oberkörper abrollen, die Arme hängen locker und entspannt nach unten, die Beine sind gestreckt • Am tiefstmöglichen Punkt Beine beugen, Kopf und Arme hängen ganz entspannt • Beine wieder strecken • Wirbel für Wirbel bis zum Aufrichten des Kopfes aufrollen • Hände und Arme am Körper entlang nach oben bringen, dabei in den Hochzehenstand gehen • Position einen Moment halten • Arme gestreckt über die Seite nach unten bringen, Gewicht wieder auf den ganzen Fuß verteilen Ablauf mehrere Male wiederholen.	Musik: „Liebe in Nairobi“ (Niki Reiser)

Stundenabschnitte und Unterrichtsinhalte	Organisatorische Hinweise
Hauptphase	

3 **Bewegungsgrundform Laufen**

- Gehen durch die Halle und steigern des Tempos bis hin zu schnellem Laufen
- Aufgaben zu verschiedenen Raumwegen bewältigen (z. B. kurvig, gerade, versch. Raumornamente)
- Aufgaben zu verschiedenen Konstellationen bewältigen (z. B. zu zweit, zu dritt, zu fünft)
- Zusammenfinden zu zwei gleich großen Gruppen, jede Gruppe geht auf eine Hallenseite; Kinder bekommen
  - **Anweisung 1:** Als Gruppe auf die andere Seite zu laufen, ohne die Kinder aus der entgegenkommenden Gruppe zu berühren, 2–3 Wiederholungen
  - **Anweisung 2:** Als Gruppen aufeinander zu zulaufen, sich in der Mitte zu treffen und wieder zurück zu laufen, 2–3 Wiederholungen
  - **Anweisung 3:** Eine Gruppe zu bilden, die sich auf der langen Hallenseite aufstellt, gemeinsam nach vorne läuft und auf Kommando schreit, so laut sie kann

	Stundenabschnitte und Unterrichtsinhalte	Organisatorische Hinweise
4	**Gestaltungsaufgabe in Kleingruppen** Schüler werden in Kleingruppen von 4–6 Kindern aufgeteilt: • Aussuchen von vier verschiedenen der erprobten Laufmöglichkeiten • Aneinanderreihen und wiederholbar machen	Musik: „Dinner at the sugarbush“ (Brent Lewis)
5	**Präsentation** Die Kleingruppen präsentieren ihre Ergebnisse.	Musik: „Dinner at the sugarbush“ (Brent Lewis)
	Stundenausklang	
	Möglichkeit zu kürzen: Weglassen.	
6	Die Kleingruppen malen ihre Abläufe auf und beschreiben sie so, dass sie sich zu einem späteren Zeitpunkt daran erinnern können.	
	Möglichkeit zu verlängern: Spiel (siehe Füllmaterial).	

Stunde 18: *Steinzeit II (Ablauf Laufen und Klettern)* (vgl. Lichtenthaler, 2016)

	Stundenabschnitte und Unterrichtsinhalte	Organisatorische Hinweise
	Aufwärmphase	
	Möglichkeit zu kürzen: Weglassen	
1	**Symboltanz der Steinzeitmenschen** Bewegen zu Musik, bei Musikstopp werden Zettel mit unterschiedlichen Symbolen hochgehalten (z. B. Linie, Dreieck, 4 Punkte, T, Blitz, usw.) und eine Zahl gerufen: • Zusammenfinden der Kinder entsprechend der Zahl und entsprechend der Zeichnung • Erweiterung des Spiels durch Bewegungsaufgaben, die zu der Musik ausgeführt werden: – „Bewege dich, ohne die Arme zu benutzen" – „Mache nur ganz große Bewegungen" – „Der Kopf führt die Bewegung an" – „Beide Hände und Füße müssen mit dem Boden in Kontakt sein" – usw.	Musik: „She Moves" (Alle Farben)
2	**Tanztechnik** • Paralleler, schulterbreiter Stand • Aufrechte und „offene" Körperhaltung • Mit dem Kopf beginnend den Oberkörper abrollen, die Arme hängen locker und entspannt nach unten, die Beine sind gestreckt • Am tiefstmöglichen Punkt Beine beugen, Kopf und Arme hängen ganz entspannt • Beine wieder strecken • Wirbel für Wirbel bis zum Aufrichten des Kopfes aufrollen • Hände und Arme am Körper entlang nach oben bringen, dabei in den Hochzehenstand gehen • Position einen Moment halten • Arme gestreckt über die Seite nach unten bringen, Gewicht wieder auf den ganzen Fuß verteilen Ablauf mehrere Male wiederholen.	Musik: „Liebe in Nairobi" (Niki Reiser)

Stundenabschnitte und Unterrichtsinhalte	Organisatorische Hinweise

Hauptphase

3 **Schwerpunkt 1: Bewegungsablauf „Steinzeit – Laufen und springen“**

- 16 ZZ auf der Stelle trippeln, Kopf und Arme dabei locker schütteln
- 8 ZZ vorwärts laufen nach vorne, anschließender Sprung auf ZZ 8
- 8 ZZ rückwärts laufen nach hinten, abschließender Sprung auf ZZ 8
- 4 ZZ beidbeiniger Sprung seitwärts nach rechts, klatschen auf die Oberschenkel

Wiederholung

- 4 ZZ beidbeiniger Sprung seitwärts nach links, klatschen auf die Oberschenkel

Wiederholung

- 4 ZZ beidbeiniger Sprung seitwärts nach links, klatschen auf die Oberschenkel

Wiederholung

- 4 ZZ beidbeiniger Sprung seitwärts nach rechts, klatschen auf die Oberschenkel

Wiederholung

- 8 ZZ kleinmachen
- 8 ZZ ganz großmachen, dabei Augen und Mund weit auf

Ablauf in kleinen Sequenzen beginnend vormachen und von den Kindern nachmachen lassen:

- Gemeinsam üben
- Aufteilung in Kleingruppen der letzten Stunde, üben und gegenseitig helfen
- Am Schluss: Alle Kinder tanzen gemeinsam und die Lehrkraft schaut zu

Musik: „Dinner at the sugarbush“ (Brent Lewis)

	Stundenabschnitte und Unterrichtsinhalte	Organisatorische Hinweise
4	**Schwerpunkt 2: Klettern** Immer zwei Kinder gehen zusammen: • Ein Kind bildet/baut ein Hindernis mit dem eigenen Körper, das andere klettert darüber oder darunter durch • Finden von möglichst vielen verschiedenen Möglichkeiten • Aussuchen von zwei Lieblingslösungen • Jedes Team geht mit einem anderen Team zusammen. Gegenseitige Präsentation des gefundenen Materials • Aneinanderhängen der Lösungen, so dass ein Ablauf aus vier Hindernissen entsteht, der am Ende von vorne beginnen kann	 
5	**Präsentation** Die Kleingruppen präsentieren ihre Ergebnisse über die Diagonale der Halle.	Musik: „Dinner at the sugarbush“ (Brent Lewis)
	Stundenausklang	
6	Kinder gehen zu zweit zusammen. Das eine Kind setzt sich hinter das andere Kind und malt mit dem Finger „Höhlenzeichnungen“ auf den Rücken des vorne sitzenden Kindes. Das vordere Kind versucht, zu erraten, um was für eine Zeichnung es sich handelt. Möglichkeit zu verlängern: Spiel (siehe Füllmaterial).	

Stunde 19: *Steinzeit III (Anspringen)* (vgl. Lichtenthaler, 2016)

	Stundenabschnitte und Unterrichtsinhalte	Organisatorische Hinweise
	Aufwärmphase	
1	**Atomspiel der Steinzeitmenschen** Bewegen zu Musik. Bei Musikstopp: • Reinrufen einer Zahl, zu der die Kinder sich zusammenfinden müssen • Benennen von verschiedenen Körperteilen, die den Boden berühren müssen • Es muss Körperkontakt bestehen Abbau von Berührungsängsten, verschiedene Lösungen sind möglich. Besonders schöne Ideen werden rausgesucht und vor- und nachgemacht.	Musik: „Happy“ (Pharrell Williams)
2	**Tanztechnik** • Paralleler, schulterbreiter Stand • Aufrechte und „offene“ Körperhaltung • Mit dem Kopf beginnend den Oberkörper abrollen, die Arme hängen locker und entspannt nach unten, die Beine sind gestreckt • Am tiefstmöglichen Punkt Beine beugen, Kopf und Arme hängen ganz entspannt • Beine wieder strecken • Wirbel für Wirbel bis zum Aufrichten des Kopfes aufrollen • Hände und Arme am Körper entlang nach oben bringen, dabei in den Hochzehenstand gehen • Position einen Moment halten • Arme gestreckt über die Seite nach unten bringen, Gewicht wieder auf den ganzen Fuß verteilen Ablauf mehrere Male wiederholen.	Musik: „Liebe in Nairobi“ (Niki Reiser)

Stundenabschnitte und Unterrichtsinhalte	Organisatorische Hinweise

Hauptphase

Möglichkeit zu kürzen: Erlernen von nur einer oder zwei Hebefiguren.

3 **Schwerpunkt 1: „Anspringen“**

Kinder gehen zu zweit zusammen, zeigen Hebefiguren mit Hilfe von Bildern, gemeinsames Ausprobieren, Variieren und Verändern.

Hebefigur 1: „Fliegende Beine“

- Kind A steht im beidbeinigen Stand
- Kind B läuft an, springt mit dem rechten Fuß ab, stützt sich auf den Schultern von Kind A ab
- Kind A fasst Kind B an der Hüfte und trägt es von links nach rechts (von Kind A aus gesehen)
- Kind B lässt seine „Beine fliegen“
- Landung auf dem linken Fuß

Hebefigur 2: „Päckchen“

- Kind A steht im beidbeinigen Stand
- Kind B läuft an, springt mit dem linken Fuß ab
- Kind B legt Kind A seinen rechten Arm um die Schultern
- Sofort nach dem Absprung zieht Kind B seine Beine eng an den Körper
- Kind A fasst mit seinem linken Arm um den Rücken, mit dem rechten um die Beine von Kind B
- Kind A dreht sich einmal um die eigene Achse
- Kind A lässt Kind B wieder runter
- Kind B landet auf dem linken Fuß

Stundenabschnitte und Unterrichtsinhalte	Organisatorische Hinweise
Hebefigur 3: „Gegrätschte Beine“ • Kind A steht im beidbeinigen Stand • Oberkörper ist nach vorne gebeugt, Unterarme werden auf den Oberschenkeln abgestützt • Kind B läuft an, springt mit dem linken Fuß ab • Kind B stützt sich auf dem Rücken von Kind A seitlich der Lendenwirbelsäule ab • In der Flugphase grätscht Kind B die Beine • Kind B landet auf dem rechten Fuß Kinder machen eigene Vorschläge, besonders gelungene Ideen werden vorgestellt und wenn möglich, von den anderen Kindern nachgemacht. Jedes Paar entscheidet sich für seine Hebefigur; üben und perfektionieren. Möglichkeit zu kürzen: Weglassen. Möglichkeit zu verlängern: Jedes Paar entscheidet sich für zwei Hebefiguren.	   
4 Schwerpunkt 2: Wiederholung Wiederholung des bisher erarbeiteten Materials: • Laufabläufe der ersten Einheit; Austeilen der Aufzeichnungen, selbstständiges Erinnern und Wiederholen • Wiederholen und gemeinsames Tanzen des Bewegungsablaufs der zweiten Einheit • Wiederholen der Kletterabläufe aus der zweiten Einheit über die Diagonale; Hierbei schon Aufstellung, dass man sich gegenseitig nicht stört und gut gesehen wird	
Stundenausklang	
5 Gemeinsames Überlegen Was wurde gemacht und wie könnte eine abschließende Gestaltung aussehen?	

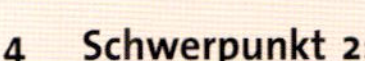

Stundenabschnitte und Unterrichtsinhalte	Organisatorische Hinweise
Möglichkeit zu verlängern: Spiel (siehe Füllmaterial).	
Plant man eine Aufführung, wird die Gestaltung in der darauffolgenden Einheit beigebracht. Das unten beschriebene Endprodukt ist nur eine mögliche Lösung, die erprobt wurde, gut funktioniert hat und daher hier skizziert werden soll:	Musik: „Dinner at the sugarbush“ (Brent Lewis)
Tanzpräsentation zum Thema Steinzeit Zwei Großgruppen: eine auf der linken, die andere auf der rechten Bühnenseite stehend. • 8 ZZ aufeinander zu laufen, in der Bühnenmitte treffen, abschließender Sprung auf beide Füße und abwehrende Arm- und Handhaltung, dabei Schrei • 8 ZZ wieder in die Ausgangsposition zurücklaufen, abschließender Sprung Wiederholung • 16 ZZ laufen die Gruppen durcheinander zur anderen Bühnenseite, abschließender Sprung • 16 ZZ Durcheinanderlaufen und Zusammenfinden in die „Lauf-Ablauf-Gruppen“ (Aufstellung vorher festgelegt) Laufabläufe (die Gruppen, die ihren Ablauf beendet haben, machen sich klein) • 16 ZZ Durcheinanderlaufen und Treffen am hinteren Bühnenende (Aufstellung vorher festgelegt) Ablauf (siehe Bewegungsablauf S. 129) • 16 ZZ Durcheinanderlaufen und Treffen auf der Diagonale (Aufstellung vorher festgelegt) „Drunter-und-Drüber-Abläufe“ bis zum Ende der Diagonale an der vorderen linken Bühnenecke, dort klein machen und warten bis alle ihre Abläufe abgeschlossen haben. • 8 ZZ Hälfte der Kinder laufen in die gegenüberliegende vordere Bühnenecke (immer ein Kind aus den Paaren der Hebefiguren) Nacheinander laufen die Paare aufeinander zu, treffen sich in der Bühnenmitte, zeigen ihre Hebefigur und laufen nach hinten weg, machen sich klein am hinteren Bühnenrand (Reihenfolge der Hebefiguren festgelegt). • Ablauf (siehe Bewegungsablauf S. 129). Halten in großer Abschlussposition. Ausblenden der Musik	

IV

Stundenentwürfe für den Übergang in die Klasse 5

Stunde 20: *Bewegungsgrundformen Laufen, Rutschen, Rollen – umgesetzt mit der inhaltlichen Idee: Albtraum*

Stundenabschnitte und Unterrichtsinhalte	Organisatorische Hinweise
Aufwärmphase	
Möglichkeit zu kürzen: Weglassen.	
1 **„Ochseinberger, 1, 2, 3"** Die Kinder stehen auf der einen Hallenseite, ein Kind auf der anderen mit dem Blick zur Wand, Das Kind ruft: „Ochseinberger 1, 2, 3" und dreht sich danach schnell um, die Kinder bewegen sich so zügig wie möglich auf das einzelne Kind zu und bleiben sofort gespannt und regungslos stehen, wenn sich das Kind umdreht. Dieses darf alle Kinder, die sich noch bewegen oder wackeln, zurück an die eine Hallenseite schicken. Ziel ist es, auf die andere Seite der Halle zu kommen. Wer das schafft, darf als nächstes der „Ochseinberger" sein.	
2 **Tanztechnik** • Paralleler, schulterbreiter Stand • Aufrechte und „offene" Körperhaltung • Mit dem Kopf beginnend den Oberkörper abrollen, die Arme hängen locker und entspannt nach unten, die Beine sind gestreckt • Am tiefstmöglichen Punkt Beine beugen, Kopf und Arme hängen ganz entspannt • Beine wieder strecken • Wirbel für Wirbel bis zum Aufrichten des Kopfes aufrollen • Hände und Arme am Körper entlang nach oben bringen, dabei in den Hochzehenstand gehen • Position einen Moment halten • Arme gestreckt über die Seite nach unten bringen, Gewicht wieder auf den ganzen Fuß verteilen Ablauf mehrere Male wiederholen.	Musik: „Liebe in Nairobi" (Niki Reiser)

Stundenabschnitte und Unterrichtsinhalte	Organisatorische Hinweise

3 Bewegungstechnik: Laufen

Laufen zur Musik, bei Musikstopp erstarren und die Position halten.

- „Jedes Kind läuft für sich"
- „Kurvige Raumwege laufen"
- „Bei freier Fläche Sprints einlegen"
- „Alle laufen von hinten nach vorne"
- „Alle laufen von der einen zur anderen Seite"
- Zu zweit zusammenfinden:
  - „Nebeneinander laufen"
  - „Hintereinander herlaufen"
- Zu viert, fünft oder sechst zusammenfinden:
  - „Im Pulk laufen"
  - „Hintereinander herlaufen"
- „Vorwärts, rückwärts, seitwärts laufen"

Musik: „The green hornet theme" (Al Hirt)

Hauptphase

4 Standbilder alleine

Die Kinder probieren alleine verschiedene Standbilder zum Thema „Albtraum" aus:

- Möglich sind Grimassen, sich würgen, verrenken, usw.
- Dabei unbedingt verschiedene Ebenen ausprobieren

Die Kinder entscheiden sich für zwei Lieblingsstandbilder:

- Aneinanderbauen
- Immer 4 ZZ halten

Die Standbilderabläufe werden vorgemacht:

- Zwei auswählen
- Aneinanderhängen und mit der ganzen Gruppe erlernen

Stundenabschnitte und Unterrichtsinhalte	Organisatorische Hinweise
5 Kombination von „Laufen“ und „Standbildern“ Laufen mit Musik im Wechsel mit Standbildern. Hierbei besteht die Wahl zwischen dem eigenen „Standbilderablauf“ und den Erlernten oder einer Kombination von beiden.	Musik: „The green hornet theme“ (Al Hirt)
6 Standbilder zu zweit, Partner-Aufgaben • Suchen und Ausprobieren von Standbildern zu zweit • Wieder zwei Lieblingspositionen aussuchen • Den Partner präsentieren	  

Stundenabschnitte und Unterrichtsinhalte	Organisatorische Hinweise
7 Rutschen und Rollen • Erlernen eines Bodenrutschteils und üben: Schritt links, mit Schritt rechts die Beine beugen und in Richtung Boden gehen, linke Hand aufsetzen, das linke Schienbein/Außenseite aufsetzen, mit dem rechten Fuß abstoßen und über die Außenseite des linken, gebeugten Beines rutschen; linke Hüfte dabei vorschieben • Eigene Möglichkeiten suchen, über den Boden zu rutschen oder rollen • Einzelne besonders gute oder nachahmenswerte Möglichkeiten raussuchen und erlernen lassen	    

Stundenabschnitte und Unterrichtsinhalte	Organisatorische Hinweise
8 Erlernen einer Schrittkombination zum Thema Albtraum	Musik: „The green hornet theme“ (Al Hirt)
ZZ 1–8: 8 kleine Schritte nach vorne, dabei Oberkörper leicht vorgebeugt, Arme auch leicht gebeugt nach vorne oben, Krallenhände (Schritt 8 in eine offene parallele Fußstellung)	
ZZ 1–8: Hände an die Ohren nehmen, Arme gebeugt, Ellbogen nach außen, Oberkörper kreisen, dabei Beine gebeugt	
ZZ 1–8: Bodenrutschteil (siehe oben) in die hintere rechte Ecke	
ZZ 1–8: „Gruselig“ vom Boden hochkommen, jedes Kind auf eigene Art	

<table>
<tr><th colspan="2">Stundenabschnitte und Unterrichtsinhalte</th><th>Organisatorische Hinweise</th></tr>
<tr><td>9</td><td>Reflexion und gemeinsames Überlegen
Was haben wir heute gemacht?
• Laufen
• Standbilder allein
• Standbilderablauf
• Kombination Laufen und Standbilder
• Bodenteil (Rutscher)
• Eigene Bodenteile (rutschen oder rollen)
• Albtraumablauf

Ausblick auf die Choreografie (Vorschlag!) nächste Woche:
Musikanalyse; The green hornet – Soundtrack Kill Bill Vol. I
• Teil 1 bis 0.35 Min.: Laufen in Gruppen- und Raumvariationen Bei 0.28 Min. Musiksteigerung: Alle laufen
• Teil 2 von 0.35 bis 0.50 Min.: Standbilder alleine
• Teil 3 von 0.50 bis 1.12 Min.: Albtraumablauf 2-mal getanzt (möglich: 2–3 „Ausbrecher“; Läufer mit kleinem Laufweg und wieder zurück in den Ablauf)
• Teil 4 von 1.12 bis 1.33 Min.: In 2er-Teams laufen und Standbilder zu zweit
Ausgewählte Rutscher und Roller laufen nach hinten, warten in Standbild auf Einsatz
• Teil 5 von 1.33 bis 1.56 Min.: Rutschen und rollen von ausgewählten, die anderen laufen nach hinten; Standbilder alleine
• Teil 6 von 1.56 bis 2.05 Min.: Alle laufen
• Abspann ab 2.05: Laufen in Albtraumabschlussbild</td><td></td></tr>
<tr><th colspan="3">Stundenausklang</th></tr>
<tr><td></td><td>Möglichkeit zu kürzen: Weglassen.</td><td></td></tr>
<tr><td>10</td><td>Traumreise
Wechseln der Perspektive auf einen schönen Sommertraum.

Möglichkeit zu verlängern: Spiel (siehe Füllmaterial).</td><td>Musik: „Living in the country“ (George Winston)</td></tr>
</table>

Stunde 21: *Tanztechnik/Fertigkeit Hip-Hop*

Stundenabschnitte und Unterrichtsinhalte	Organisatorische Hinweise
Aufwärmphase	
1 **Gehen durch die Halle** Gemeinsames Tempo finden und daraus $^4/_4$-Takt machen: die ZZ 1 stark, die ZZ 3 leicht betonen.	
2 **Kurzer Exkurs: Musiktheorie** $^4/_4$-Takt: 1 Takt besteht aus 4 Viertelnoten, die ZZ sind 1, 2, 3, 4 und die Betonung liegt immer auf 1 und 3.	
3 **Brainstorming Hip-Hop** Frage: „Was wisst ihr über Hip-Hop? Was fällt euch ein, wenn ihr Hip-Hop hört?“ Kurzer geschichtlicher Überblick und Rückbezug auf die Musiktheorie: Im Hip-Hop ist die Betonung gegenläufig – im Off-Beat (auf die 2 und die 4 oder auf „und“).	
Hauptphase	
4 **Im Kreis aufstellen: Auf der Stelle gehen und mitzählen** Im ersten Takt die normale Betonung auf den rechten Oberschenkel klatschen und im zweiten Takt den Off-Beat auf den linken Oberschenkel klatschen.	

Stundenabschnitte und Unterrichtsinhalte	Organisatorische Hinweise
5 Zu Hip-Hop-Musik durch den Raum gehen Die Betonung mit den Armen und später mit den Armen und dem Oberkörper deutlich machen.	Musik: „Black and Yellow“ (Wiz Khalifa)
6 Einführen der Grundbewegungen Bounce, Kneelift, Slide Die Lehrkraft macht die Grundbewegungen vor und erklärt sie dabei, die Schüler imitieren. Erst ohne, dann mit Musik selbstständig mit den Grundbewegungen experimentieren.	   Musik: „Black and Yellow“ (Wiz Khalifa)

7 Einzelaufgabe

Auf der Stelle bouncen und verschiedene Alltagsbewegungen mit den Armen ausprobieren.

Nach kurzer Ausprobierphase für 1–2 Lieblingsbewegungen entscheiden.

Musik: „Black and Yellow“ (Wiz Khalifa)

8 Kreisaufstellung

Alle bouncen gemeinsam.

Jedes Kind zeigt nacheinander seine Alltagsbewegung mit den Armen und die anderen imitieren.

Stundenabschnitte und Unterrichtsinhalte	Organisatorische Hinweise
9 Erlernen eines Bewegungsmotives zunächst ohne, dann mit Musik ZZ 1, 2: Schritt rechts mit „Slide" links diagonal nach rechts vorne ZZ 3,4: Schritt links mit „Slide" rechts diagonal nach links vorne ZZ 5: Schritt rechts zur Seite ZZ 6: „Kneelift" und „Tip" links über rechts ZZ 7: Schritt links zur Seite ZZ 8: „Kneelift" und „Tip" rechts über links ZZ 1-4: Schrittdrehung nach rechts mit abschließendem „Kneelift" links und Klatschen auf „und 4" ZZ 5-8: Schrittdrehung nach links mit abschließendem „Kneelift" rechts und klatschen auf „und 8" ZZ 1, 2: „Kick" rechts, links und in die Hocke ZZ 3,4: Hochspringen in die Grätschstellung ZZ 5, 6: Sprung von beiden Füßen auf beide Füße; rechts kreuzt vor links ZZ 7, 8: Eine ganze Drehung auf beiden Füßen über die linke Schulter ZZ 1: Auftaktschritt links, rechts ZZ 2-4: Um die rechte Schulter gehen bis die Front wieder nach vorne zeigt ZZ 5: Schritt rechts zur Seite ZZ 6: linker Fuß „Slide" ran ZZ 7, 8: Schritt rechts nach vorne, Schritt links ran, dabei Körperwelle von unten nach oben (Regenwurm)	 Musik: „Thrift shop" (Macklemore/Ryan Lewis)

	Stundenabschnitte und Unterrichtsinhalte	Organisatorische Hinweise
10	**Üben des Ablaufs in 2er-Teams**	Musik: „Thrift shop“ (Macklemore/Ryan Lewis)
11	**Präsentation der 2er-Teams**	Musik: „Thrift shop“ (Macklemore/Ryan Lewis)
12	**Gestaltungsaufgabe in 4er-Teams** Üben des Ablaufs und mit den zuvor gefundenen Alltags-Armbewegungen der einzelnen Gruppenmitglieder kombinieren. *Achtung:* Nicht jeder Schritt braucht eine Armbewegung und nicht jede Armbewegung muss im Ablauf wieder zu finden sein. Möglichkeit zu kürzen: Nur eine Armbewegung einbauen.	 Musik: „Thrift shop“ (Macklemore/Ryan Lewis)
	Stundenausklang	
13	**Präsentation der Ergebnisse, Reflexion und Ausblick auf die Zukunft** Möglichkeit zu verlängern: Spiel (siehe Füllmaterial).	Musik: „Thrift shop“ (Macklemore/Ryan Lewis)

Stunde 22: *Gymnastik mit dem Ball/Basketball*

Stundenabschnitte und Unterrichtsinhalte	Organisatorische Hinweise
Aufwärmphase	
1 Prellspiel Die Schüler bekommen einen Gymnastikball, mit dem sie prellen sollen; im Hosenbund steckt ein Parteiband. Die Schüler versuchen, während des Prellens den anderen das Parteiband aus dem Hosenbund zu ziehen.	Material: Gymnastikbälle, Parteibänder
2 Tanztechnik • Paralleler, schulterbreiter Stand • Aufrechte und „offene" Körperhaltung • Mit dem Kopf beginnend den Oberkörper abrollen, die Arme hängen locker und entspannt nach unten, die Beine sind gestreckt • Am tiefstmöglichen Punkt die Beine beugen, Kopf und Arme hängen ganz entspannt • Beine wieder strecken • Wirbel für Wirbel bis zum Aufrichten des Kopfes aufrollen • Hände und Arme am Körper entlang nach oben bringen, dabei in den Hochzehenstand gehen • Position einen Moment halten • Arme gestreckt über die Seite nach unten bringen, Gewicht wieder auf den ganzen Fuß verteilen Ablauf mehrere Male wiederholen.	Musik: „Liebe in Nairobi (Niki Reiser)
Hauptphase	
3 Klären der Handhabung des Gymnastikballs • Der Ball darf nicht als Fußball oder Volleyball benutzt werden (nicht schießen, nicht schmettern) • Der Ball sollte locker auf der Hand mit geschlossenen Fingern liegen • Der Ball wird nicht gekrallt oder eingeklemmt	

Stundenabschnitte und Unterrichtsinhalte	Organisatorische Hinweise

4 Stationsbetrieb zum Erlernen der Techniken mit dem Ball

Die Schüler durchlaufen verschiedene Stationen, an denen die gymnastischen Techniken mit dem Ball geübt werden sollen:

- Prellen (am Ort; im Stehen, Knien, Sitzen, Liegen, mit der rechten und der linken Hand, in der Ellenbeuge, auf dem Oberschenkel und in der Fortbewegung mit verschiedenen Bewegungsgrundformen kombiniert)
- Rollen am Boden (mit der rechten und der linken Hand abrollen und aufnehmen, ohne dass der Ball „hüpft", verschiedene Bewegungsformen neben dem rollenden Ball ausprobieren; drehen, über den rollenden Ball springen)

Musik: CD mit Liedern geschnitten auf 3 Minuten

Material: Gymnastikbälle, Stationskarten

Stundenabschnitte und Unterrichtsinhalte	Organisatorische Hinweise
• Rollen am Körper (die geschlossenen, gehobenen Arme bis zum Körper und wieder zurück rollen, den Oberkörper hoch und die Arme runter rollen, von der einen Hand über den Arm, die Schulter und Rippen und über den anderen Arm zur anderen Hand, im Sitzen die geschlossenen Beine runter bis zu den Füßen und wieder zurück)	 
• Führen und Balancieren (Ballspirale einwärts oder auswärts mit rechter oder linker Hand)	
• Werfen und Fangen (Hochwurf, Bogenwurf über den Kopf oder unter dem Bein her, einhändig, beidhändig oder mit anderen Körperteilen, am Ort und in der Fortbewegung)	

Stundenabschnitte und Unterrichtsinhalte	Organisatorische Hinweise
5 **Erlernen eines Bewegungsablaufs mit dem Ball** Möglichkeit in der Länge zu variieren: Ablauf kürzen. • Fersensitz: Ball liegt auf dem Boden • Rollen des Balles am Boden von rechts nach links, nach rechts, nach links, nach rechts • Ball mit beiden Händen aufnehmen • Beidhändig prellen und dabei in den Stand kommen • Schritt nach links, rechter Fuß bleibt unbelastet am Boden, dabei Ball auf der linken Hand • Schrittdrehung nach rechts, dabei Ball um den Körper führen • Schlussstellung: Ball beidhändig über den Kopf führen • Ball den Rücken runter rollen lassen, dabei leicht die Beine beugen • Ball mit beiden Händen über dem Gesäß auffangen • Ball in die linke Hand, prellen mit der linken Hand, dabei kleinen Kreis um die linke Schulter hüpfen • Ball mit beiden Händen aufnehmen • Ball mit der rechten Hand nach hinten werfen • Umdrehen und den Ball, nachdem er einmal aufgeprallt ist, mit der rechten Hand im Hocksprung fangen	 Musik: „Postales“ (Federico Aubele) Material: Gymnastikbälle

	Stundenabschnitte und Unterrichtsinhalte	Organisatorische Hinweise
6	**Beispiele aus dem Netz** https://www.youtube.com/watch?v=22XN6i4Qb88 https://www.youtube.com/watch?v=lBVqX2cmVtY	Video: Nike-Werbung mit Basketball
7	**Gestaltungsaufgabe in der Kleingruppe** Die Gymnastikbälle werden durch Basketbälle ersetzt. Schüler bekommen die Aufgabe, den Ablauf passend zur Musik und zum neuen Gerät umzugestalten, dabei ist alles erlaubt, auch zum Nachteil der eigentlichen Technik.	 Musik: „Sparkle“ (Camp Lo) Material: Basketbälle
	Stundenausklang	
8	**Präsentation der Ergebnisse, Reflexion und Ausblick auf die Zukunft** Möglichkeit zu verlängern: Spiel (siehe Füllmaterial) oder Ergebnisse filmen und gemeinsam anschauen („eigene Nike-Werbung“).	Musik: „Sparkle“ (Camp Lo)

Stunde 23: *Material/Gerät Sporthocker*

Stundenabschnitte und Unterrichtsinhalte	Organisatorische Hinweise
Aufwärmphase	
1 **Kurzes Video zur Einstimmung** Beispiele zum Sporthockern aus dem Internet.	Videos zum Sporthockern aus dem Internet
2 **Genau gleich** Die Schüler bekommen jeweils einen Hocker und verteilen sich gleichmäßig im Raum. Die Lehrkraft ruft einen Namen. Die Schüler nehmen eine frei gewählte Position auf dem Hocker ein. Die anderen imitieren diese so genau wie möglich. Nach kurzem Einhalten der Position wird ein anderer Name rein gerufen und diese Person nimmt eine neue Position ein, der Rest der Klasse folgt.	 

Stundenabschnitte und Unterrichtsinhalte	Organisatorische Hinweise
3 **Genau das Gegenteil** Wie oben, nur machen die anderen Schüler genau das Gegenteil. Hierbei sind verschiedene Lösungen möglich.	 

Stundenabschnitte und Unterrichtsinhalte	Organisatorische Hinweise
Hauptphase	
4 Gerät auf seine herkömmliche Art benutzen: „Sitzen"	
a) Stopptanzen mit dem Sporthocker Bewegen auf Musik mit verschiedenen Bewegungsaufgaben: • „Wie man möchte" • „Kurvige Raumwege" • „Über den Boden" • „Große und weite Bewegungen" • „Kleine und enge Bewegungen" • „Eckig und steif" • „Rund und weich" • usw. Bei Musikstopp verschiedene Sitzpositionen: • „Auf der linken Pobacke" • „Mit dem Rücken" • „Nur der Kopf sitzt" • „Zwei Füße auf den Hocker" • „Kopf ist der tiefste Punkt der Position" • „Linke Körperseite" • „Ein Fuß ist der höchste Punkt der Position" • usw.	Musik: „Little Hollywood" (Alle Farben) 
b) Lieblingssitz Jedes Kind entscheidet sich für 4 Lieblingspositionen auf dem Hocker, hält jede 8 ZZ und hängt sie aneinander. Anschließend mit einem Partner zusammengehen, sich die entstandenen Abläufe beibringen und zu einem Ablauf aneinander bauen – üben.	Musik: „The Shakes" (Weightless: Music for Contemporary Dance) Hinweis: Zwischenpräsentation evtl. filmen und gemeinsam anschauen
c) Zwischenpräsentation Alle Paare werden mit der gleichen Front im Raum verteilt. Jedes Paar bekommt eine Nummer, die Musik läuft und auf Ansage beginnt das jeweilige Paar mit seinem Ablauf.	

Stundenabschnitte und Unterrichtsinhalte	Organisatorische Hinweise

Möglichkeit zu verlängern:

Variation: Wie oben, aber die Paare machen ihren Ablauf in Endlosschleife und die Lehrkraft macht die Ansagen: z. B. „1 stopp“, „1 weiter“. Als „Choreograf“ entscheidet die Lehrkraft hier, wie viele Paare sich wann bewegen, wann und in welcher Position pausieren und wann die „Performance“ wie zu Ende ist.

5 Gerät gymnastisch benutzen (Verknüpfung mit gymnastischen Grundtechniken)

Aufstellen im Kreis und gemeinsam besprechen und ausprobieren:

Schwingen mit dem Hocker
- Mit rechter und linker Hand gleichermaßen schwingen
- Mit dem ganzen Körper mitgehen
- In der vertikalen und in der frontalen Ebene
- 8er-Kreise

Rollen am Boden
- Den Hocker rollen und darüber springen
- Den Hocker rollen und mit den Füßen aufnehmen

Rollen am Körper
- Hocker den Rücken runter rollen lassen
- Hocker über Beine und/oder Arme rollen lassen

Zwirbeln
- Hocker waagerecht zum Boden

Springen
- Hocksprung über den Hocker, den man in der Hand hat

Werfen und Fangen;
- Würfe ohne Rotation
- Würfe mit Rotation (z. B. halbe oder ganze Drehung)
- Würfe zum Partner (ohne oder mit Rotation)

Stundenabschnitte und Unterrichtsinhalte	Organisatorische Hinweise
6 Gerät unkonventionell benutzen (den Hocker verfremden) Schüler bilden Kleingruppen und erarbeiten verschiedene Möglichkeiten, den Hocker als etwas zu benutzen, als was man ihn sonst nie benutzt. Dabei kann entweder jedes Kind den Hocker alleine benutzen (z. B. Musikinstrument, Hantel, usw.) oder mit den Hockern der Gruppe gemeinsam etwas gebaut werden (z. B. Auto, 4er-Bob, usw.). *Zwischenpräsentation* Die Kleingruppen präsentieren 3 der zuvor gefundenen Möglichkeiten und der Rest der Klasse versucht zu erraten, was der Hocker darstellen soll.	  Musik: „Guilty“ (2001 Remastered Version; George Shearing; Soundtrack: Die fabelhafte Welt der Amelie)

	Stundenabschnitte und Unterrichtsinhalte	Organisatorische Hinweise
	Möglichkeit zu kürzen: Weglassen.	
7	**Gestaltungsaufgabe in der Kleingruppe** Erarbeiten eines Ablaufs mit dem Sporthocker, dabei soll der Hocker • auf seine herkömmliche Art (siehe 4.) • als gymnastisches Gerät (siehe 5.) • verfremdet (siehe 6.) benutzt werden.	Musik: „Guilty“ (Al Bowlly; Soundtrack: Die fabelhafte Welt der Amelie)
	Stundenausklang	
	Möglichkeit zu kürzen: Weglassen (wenn 7 weggelassen wurde, muss 8 rausgekürzt werden).	
8	**Präsentation der Ergebnisse, Reflexion und Ausblick auf die Zukunft**	Musik: „Guilty“ (Al Bowlly; Soundtrack: Die fabelhafte Welt der Amelie)

Stunde 24: *Inhaltliche Bewegungsidee Wasser*

Stundenabschnitte und Unterrichtsinhalte	Organisatorische Hinweise

Aufwärmphase

Möglichkeit zu kürzen: Weglassen.

1 Fischer, Fischer, wie tief ist das Wasser

- Die Kinder stehen auf der einen Hallenseite, ein Kind („Fischer“) auf der anderen
- Die Kinder rufen: „Fischer, Fischer, wie tief ist das Wasser?“
- Der Fischer antwortet mit einer von ihm ausgesuchten Wassertiefe
- Die Kinder rufen: „Und wie kommen wir rüber?“
- Der Fischer überlegt sich eine Bewegungsart, die mit Wasser zu tun haben muss (z. B. Rückenschwimmen, Rudern, Tauchen, usw.)

2 Tanztechnik „Körperwellen“

Kurzer Ablauf zum Trainieren verschiedener Körperwellen (W).

Ausgangsstellung: geschlossene parallele Füße.

- W rechter Arm
- W linker Arm
- W mit beiden Armen gleichzeitig
- W beginnend mit Beugen der Beine und der Wirbelsäule von unten nach oben
- W beginnend mit Senken des Kopfes von oben nach unten

Wiederholung mit Ausgangsstellung: offene parallele Füße.

Wiederholung mit Ausgangsstellung: geschlossene ausgedrehte Füße.

Wiederholung mit Ausgangsstellung: offene ausgedrehte Füße.

Musik: „Shining“ (Peace Orchestra)

Stundenabschnitte und Unterrichtsinhalte	Organisatorische Hinweise
Hauptphase	
3 Brainstorming „Wasser“ Sammeln von Begriffen und Bewegungsideen zum Thema Wasser auf einem großen Plakat (z. B. Fische, Pflanzen, Surfen, Bewegen unter Wasser, usw.)	Material: Plakat, Stifte
4 Bewegen unter/im Wasser, gemeinsames Überlegen *Frage: „Wie bewegt man sich unter Wasser?“* • Stichwort: Schwerelosigkeit, usw. • Ausprobieren mit Musik *Aussuchen einer Lieblingsbewegung;* • In Kleingruppen zusammen gehen • Sich gegenseitig seine Lieblingsbewegungen zeigen: Aneinander reihen, dabei gute Übergänge finden und üben *Zwischenpräsentation*	 Musik: „Heat Miser“ (Massive Attack)

Stundenabschnitte und Unterrichtsinhalte	Organisatorische Hinweise
5 **Fische/Fischschwarm** • Durch den Raum gehen, schnelle, kleine Schritte, Arme am Körper, zunächst nur kurvige, dann nur gerade Raumwege • Zu zweit hintereinander hergehen, vorderes Kind macht vor, hinteres imitiert (Vorstellung: wie Fische) • Einzelaufgabe: Entwicklung eines eigenen Fisches. Schritt passend zu Armen, Händen, Kopf, usw. • Zeigen von ausgesuchten Beispielen (möglichst unterschiedlich!). • In die Kleingruppen von eben gehen: – sich gegenseitig die Fische zeigen – sich für einen entscheiden und lernen • Präsentation der „Fischschwärme“	   Musik: „Der springende Punkt“ (Ensemble Rossi)

Stundenabschnitte und Unterrichtsinhalte	Organisatorische Hinweise
6 Pflanzen/Tiere Wieder in den Kleingruppen gemeinsam überlegen und ausprobieren. Bauen von Pflanzen und Tieren mit verschiedenen Körperteilen und/oder akrobatisch in der Gruppe. Festlegen von drei Ergebnissen und der Klasse präsentieren. Schüler raten, usw.	   Musik: „Heat Miser“ (Massive Attack) Material: evtl. Matten
7 Gestaltungsaufgabe in den Kleingruppen Aus dem gefundenen und neu kreierten Material einen Ablauf gestalten.	Musik: „Heat Miser“ (Massive Attack)

Stundenabschnitte und Unterrichtsinhalte	Organisatorische Hinweise
8 Präsentation, Reflexion und gemeinsames Überlegen Frage: „Wie könnte man aus dem Material eine Choreografie für die ganze Klasse machen?“	 Musik: „Heat Miser“ (Massive Attack)
Stundenausklang	
Möglichkeit zu kürzen: Weglassen.	
9 Phantasiereise Meer, Wasser, Strand, Urlaub	Musik: Wellenrauschen, o. Ä.

Musikverzeichnis

Titel	Interpret	Album
Alone in Kyoto	Air	Lost in Translation (Soundtrack)
Ananas	Tosca	Suzuki
Ansgars Turbo	Ensemble Rossi	Djingalla 1
Aus dem Pahlenschen	Ensemble Rossi	Djingalla 2
Black and Yellow	Wiz Khalifa	Rolling Papers
Ça Alors	Pascal Parisot	Rumba
Chambermaid Swing	Parov Stelar	Charleston Butterfly
Der springende Punkt	Ensemble Rossi	Djingalla 2
Dinner at the sugarbush	Brent Lewis	Drumsex
Du bist aber groß geworden	Deine Freunde	Keine Märchen
Dragons	Caravan Palace	Caravan Palace
Dynabeat	Jain	Zanaka
Eple	Röyksopp	Melody A.M.
Freche Farben	Ensemble Rossi	Djingalla 1
Gone	David Holmes	Kruder & Dorfmeister Session TM
Guilty	Al Bowlly	Die fabelhafte Welt der Amelie (Soundtrack)
Happy	Pharrell Williams	Happy
Hausaufgaben	Deine Freunde	Kindsköpfe
Heat Miser	Massive Attack	Protection
Je veux	Zaz	Zaz
La Lessive	Zaz	Recto verso
Les enfants	Yann Tiersen	Les Retrouvailles
Le Matin	Yann Thiersen	Les Retrouvailles
Liebe In Nairobi	Niki Reiser	Die weiße Massai (Soundtrack)
Little Hollywood	Alle Farben	Little Hollywood
Living in the country	George Winston	Summer

Titel	Interpret	Album
Loin de villes	Yann Thiersen	Les Retrouvailles
Mädchen auf dem Pferd	Fabian	Bibi und Tina 1 (Soundtrack)
Mädchen gegen Jungs	Lina Larissa Strahl, Lisa-Marie Koroll, Phil Laude, Louis H.	Bibi und Tina 3 (Soundtrack)
Postales	Federico Aubele	Grand Hotel Buenos Aires
Schokolade	Deine Freunde	Ausm Häuschen
She Moves	Alle Farben	Synesthesia
Shining	Peace Orchestra	Peace Orchestra
Sparkle	Camp Lo	Uptown Saturday Night
Stolen Dance	Milky Chance	Sadneccesary
Superjunge	Kai Lüftner & Klabauterband	Rotz´n Roll Radio
The green hornet theme	Al Hirt Album	Kill Bill Vol. 1 (Original Soundtrack)
The shakes	Weightless: Music for contemporary dance	
Travel	Bandaloop	Room
Thrift shop	Macklemore/Ryan Lewis	The heist
Unter meinem Bett	Nils Koppruch	Unter meinem Bett 1
Was würdest du tun	Lina Larissa Strahl	Bibi und Tina 4 (Soundtrack)
Weit weg von hier	Ensemble Rossi	Djingalla 2
Wunder	Lina Larissa Strahl	Bibi und Tina 4 (Soundtrack)

Literatur

Adam, S. (2003). *Skript zur Begleitvorlesung Gymnastik/Tanz. Unveröffentlichtes Skript*. Heidelberg: Ruprecht-Karls-Universität Heidelberg.

Bayerisches Staatsministerium für Bildung und Kultus, Wissenschaft und Kunst (Hrsg.). (2014). *LehrplanPLUS Grundschule. Lehrplan für die bayerische Grundschule*. Zugriff unter https://www.km.bayern.de/epaper/LehrplanPLUS/files/assets/common/downloads/publication.pdf

Beck, P. & Maiberger, S. (2005). *Gymnastik Basics* (2., überarb. Aufl.). Aachen: Meyer & Meyer.

Becker, A. (2018). *Leitfaden zur Bewegungsgestaltung in Tanz und Tanztheater*. Unveröffentlichter Leitfaden. Weingarten: Pädagogische Hochschule Weingarten.

Berliner Senatsverwaltung für Bildung, Jugend und Familie & Ministerium für Bildung, Jugend und Sport des Landes Brandenburg (Hrsg.). (2015). *Teil C. Sport. Jahrgangsstufen 1–10*. Zugriff unter https://bildungsserver.berlin-brandenburg.de/fileadmin/bbb/unterricht/rahmenlehrplaene/Rahmenlehrplanprojekt/amtliche_Fassung/Teil_C_Sport_2015_11_16_web.pdf

Datzer, E., Liesen, U., Marquardt, G., Metz, B. & Tiedt, A. (2007). *Gestaltungskriterien, Aufstellungsformen, Bewegungsgrundformen*. Unveröffentlichtes Handout. Köln: Deutsche Sporthochschule Köln.

Drefke, H. & Vent, H. (1988). *Gymnastik/Tanz. Sport – Gymnasiale Oberstufe*. Düsseldorf: Cornelsen.

Ellermann, U. & Martin, K. (1998). *Rhythmische Vielseitigkeitsschulung. Eine praktische Bewegungslehre*. Schorndorf: Hofmann.

Freie und Hansestadt Hamburg & Behörde für Schule und Berufsbildung (Hrsg.) (2011). *Bildungsplan Grundschule. Sport*. Zugriff unter https://www.hamburg.de/contentblob/2481976/fb78e58861f3821c487e1a7173107096/data/sport-gs.pdf

Hessisches Kultusministerium (Hrsg.). (2011). *Bildungsstandards und Inhaltsfelder. Das neue Kerncurriculum für Hessen. Primarstufe. Sport*. Zugriff unter https://kultusministerium.hessen.de/sites/default/files/media/kerncurriculum_primarstufe_sport.pdf

Lichtenthaler, S. (2007a). Das Tanz- und Bewegungstheater an der Sporthochschule Köln. Begriff, Methode und Choreographie. *Spiel & Bühne, 34* (2), 10–13.

Lichtenthaler, S. (2007b). Schlussverkauf und Schnäppchenjagd. *Sportpädagogik, 31* (4), 49–53.

Lichtenthaler, S. (2016). Steinzeit: Eine getanzte Reise in die Vergangenheit. *Sportpraxis, 57* (9/10), 22–26.

Meusel, W. & Wieser, R. (Hrsg.). (1995). *Handbuch Bewegungsgestaltung.* Seelze-Velber: Kallmeyer.

Ministerium für Bildung (Hrsg.) (2011). *Lehrplan Sport. Grundschule.* Zugriff unter http://www.saarland.de/dokumente/thema_bildung/LPGSSport.pdf

Ministerium für Bildung, Jugend und Sport des Landes Brandenburg, Senatsverwaltung für Bildung, Jugend und Sport Berlin & Ministerium für Bildung, Wissenschaft und Kultur Mecklenburg-Vorpommern (Hrsg.). (2004). *Rahmenlehrplan Grundschule. Sport.* Zugriff unter https://www.bildung-mv.de/downloads/unterricht/Rahmenplaene/Rahmenplaene_allgemeinbildende_Schulen/Sport/rp-sport-gs.pdf

Ministerium für Bildung, Wissenschaft, Forschung und Kultur des Landes Schleswig-Holstein (Hrsg.) (2015). *Lehrplan Grundschule. Sport.* Zugriff unter http://lehrplan.lernnetz.de/index.php?DownloadID=8

Ministerium für Bildung, Wissenschaft, Jugend und Kultur (Hrsg.). (2008). *Weiterentwicklung der Grundschule. Rahmenlehrplan Grundschule. Teilrahmenplan Sport.* Zugriff unter https://grundschule.bildung-rp.de/fileadmin/user_upload/grundschule.bildung-rp.de/Downloads/Rahmenplan/Lehrplaene_Sport_highres.pdf

Ministerium für Kultus, Jugend und Sport Baden-Württemberg (Hrsg.). (2016). *Bildungsplan der Grundschule. Bewegung, Spiel und Sport.* Zugriff unter http://www.bildungsplaene-bw.de/site/bildungsplan/get/documents/lsbw/export-pdf/depot-pdf/ALLG/BP2016BW_ALLG_GS_BSS.pdf

Ministerium für Schule und Weiterbildung des Landes Nordrhein-Westfalen (Hrsg.). (2012). *Richtlinien und Lehrpläne für die Grundschule in Nordrhein-Westfalen. Deutsch. Sachunterricht. Mathematik. Englisch. Musik. Kunst. Sport. Evangelische Religionslehre. Katholische Religionslehre.* Zugriff unter http://www.schulentwicklung.nrw.de/lehrplaene/upload/klp_gs/LP_GS_2008.pdf

Neuber, N. (2000). *Kreativität und Bewegung. Grundlagen kreativer Bewegungserziehung und empirische Befunde.* Sankt Augustin: Academia.

Neuber, N. (2009). *Kreative Bewegungserziehung – Bewegungstheater.* Aachen: Meyer & Meyer.

Niedersächsisches Kultusministerium (Hrsg.) (2006). *Kerncurriculum für die Grundschule. Schuljahrgänge 1–4. Sport.* Zugriff unter http://db2.nibis.de/1db/cuvo/datei/kc_gs_sport_nib.pdf

Pollähne, H. & Postuwka, G. (1995a). Der Gestaltungsprozeß. In W. Meusel & R. Wieser (Hrsg.), *Handbuch Bewegungsgestaltung* (S. 17–24). Seelze-Velber: Kallmeyer.

Pollähne, H. & Postuwka, G. (1995b). Die Kennzeichen von Bewegungsgestaltung. In W. Meusel & R. Wieser (Hrsg.), *Kennzeichen von Bewegungsgestaltungen* (S. 14–16). Seelze-Velber: Kallmeyer.

Sächsisches Staatsministerium (Hrsg.). (2009). *Lehrplan Grundschule. Sport.* Zugriff unter http://www.schule.sachsen.de/lpdb/web/downloads/lp_gs_sport_2009.pdf?v2

Sachsen-Anhalt Kultusministerium (Hrsg.). (2007). *Fachlehrplan Grundschule. Sport.* Zugriff unter http://www.bildung-lsa.de/pool/RRL_Lehrplaene/Entwuerfe/lpgssport.pdf

Senator für Bildung und Wissenschaft (Hrsg.). (2001). *Ästhetik. Rahmenlehrplan für die Primarstufe.* Zugriff unter http://www.lis.bremen.de/sixcms/media.php/13/01-06-12_Aesthetik.9263.pdf

Thüringer Ministerium für Bildung, Wissenschaft und Kultur (Hrsg.) (2010). *Lehrplan für die Grundschule und für die Förderschule mit dem Bildungsgang der Grundschule. Sport.* Zugriff unter https://www.schulportal-thueringen.de/tip/resources/medien/15532?dateiname=lp_gs_sp_2010.pdf

Tiedt, A. (2003). *Grundlagen des Umgangs mit Musik in der TÜL-Ausbildung.* Unveröffentlichtes Arbeitsblatt. Köln: Deutsche Sporthochschule Köln.

Tiedt, W. (1995a). Bewegungstheater, Bewegung als Theater, Theater mit Bewegung. *Sportpädagogik, 19* (2), 15–24.

Tiedt, W. (1995b). Bewegungstheater – Unterrichtsplanung und Realisation. In R. Pawelke (Hrsg.), *Neue Sportkultur. Neue Wege in Sport, Spiel, Tanz und Theater* (S. 240–251). Lichtenau: AOL.